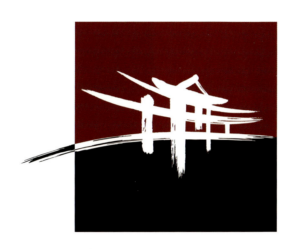

# 浙江省博物館

ZHEJIANG PROVINCIAL MUSEUM

浙江民间收藏精品走进博物馆系列特展（特集）编审委员会

主　　任：陈　浩

编　　委：王　炬　王屹峰　许洪流　陈　浩　陈　平　李　刚　沈军甫　沈琼华　杨　铿
　　　　　郑幼明　范珮玲　钟凤文　赵幼强　梅丛笑　雍泰岳　蔡小辉　黎毓馨

策　　划：陈　平　王　炬

执行策划：钟凤文

# 浙江民间收藏精品走进博物馆系列特展之十五

青韵——范佳成珍藏古代瓷器精选

主办单位：浙江省博物馆

协办藏家：范佳成

展览时间：2016年5月5日至8月6日

展览地点：浙江省博物馆 孤山馆区

展览策划：钟凤文　范财富

展品选审：柴眩华　任世龙　钟凤文　范财富

内容设计：钟凤文　范财富

形式设计：王　炬　曾　莹

特集编撰：钟凤文

英文翻译：徐雪英

浙 江 民 间 收 藏 精 品 走 进 博 物 馆 系 列

范 佳 成 珍 藏 古 代 瓷 器 精 选

# CHARM OF CELADON

ANCIENT PORCELAIN GEMS COLLECTED BY FAN JIACHENG

浙江省博物馆 编

文物出版社

# 序

青，出于蓝，近于绿，与雨后晴空相似，又誉为生命之色。中国古代先民们观天察地，以悠悠青色为醉美。《诗经·郑风》"青青子衿，悠悠我心"即是先民们尚青的咏叹。考古发现最早的瓷器也是外罩青色釉衣，尽管这种青釉有时偏黄、有时偏绿，但由此发端的以青为美的审美意趣主导了中国陶瓷达三千年之久。最早的青瓷被称为"原始青瓷"，出现在公元前 2000 年的夏代文化层，与另一种青色的金属——青铜有着千丝万缕的关系，有迹象表明瓷釉的发明很可能来自于青铜冶炼，其釉色也与青铜器的色泽相仿为青黄之色。随着制瓷技术的进步，东汉时期上虞地区的先越窑已能烧制出釉面匀净、釉色纯正的青釉瓷了，青瓷步入了"千峰翠色"的时代。有唐一代瓷业发达，有"南青北白长沙彩"之说，然而以陆羽为代表的文人们从"宜茶"的角度论瓷釉，极力推崇越窑青瓷。越窑工匠不负文人美誉，在唐代晚期利用"微生烧"技术和得天独厚的自然资源，烧制出闻名遐迩的秘色瓷，其釉色是"掠翠融青"，其釉质是"类玉类冰"，其釉面不流不裂，征服了以宫廷为主导的崇尚金奢银华的上流社会。

宋代偃武修文，是中国历史上最文艺风雅的时代，对釉的青色要求也极具艺术化，为"雨过天青云破处"的天青色。汝官窑在承继越窑"微生烧"和匣钵封釉技术的基础上，利用当地高铝粘土原料，烧制出了诗歌般的天青釉瓷，其高超的技术含量和较小的生产量，使得汝官器在南宋初期就"高庙在日煞直钱"。同时期南方景德镇窑也弃白瓷而不顾，创烧了符合宋代美学的青白釉瓷，其虽然没有汝官窑青瓷釉面那样的玉质感，但"青如天，明如镜，薄如纸，声如磬"的工艺之美令人陶醉。南宋偏安江南，风雅如故，官窑和龙泉窑对釉色之美一如既往地苛求。由于釉料配方的改进，坯胎可以经素烧而多次上釉，与汝窑相比玉质感更强，呈现出柔和的月白、粉青等色泽；二元配方的石灰碱釉粘度较高，可以保证烧造时釉汁充分玻化而不流淌，多层透明的青釉如同山涧深潭之水般葱翠，后人为其取了一个很江南、很诗意的名字——梅子青釉。龙泉窑粉青、梅子青釉不但釉质莹润凝厚，色泽如玉似翠，而且克服了南宋官窑釉面开片的缺陷，无论是釉色还是釉质，都为青瓷的巅峰之作。为此2009年9月"龙泉青瓷"入选联合国教科文组织《人类非物质文化遗产代表作》名录。

范佳成为杭城藏界的后起之秀，所藏古瓷多来自于其父范财富。范财富先生先前为杭州富云工贸公司总经理，从事有色金属经营。从2002年起连任三届"人大代表"。由于自小至今一直生活在南宋古都杭州，耳闻目染皆是古都风物，钦慕之余感慨良多。20世纪90年代国家对民间收藏的政策开始变得比较宽松，已经富裕起来的范财富先生终于可以将沉淀于内心深处的夙愿付诸于行动了。首先接触是朋友旧藏的龙泉窑青瓷，龙泉窑青瓷那梦幻般的釉色令其欲罢不能。从朋友出让的那件瓷瓶开始，他利用工作上出国之便利，全世界搜集龙泉窑青瓷。收藏的魅力就在于让你永远都在寻找下一件，以便更多地了解自己藏品的前世今生。在有了龙泉窑青瓷以后，他又从一些大的收藏家手上转让来汝窑、越窑、景德镇窑瓷器，初步形成了青瓷雅韵的收藏体系。

"浙江民间收藏精品走进博物馆系列特展"是我馆与民间收藏交流互动的平台，此番萃取范佳成所藏的古代瓷器一百件/套，编撰成《青韵——范佳成珍藏古代瓷器精选》一书，展现其收藏的专业和精深，以期对古瓷收藏爱好者有所裨益。五月上旬所录藏品也将在浙江省博物馆孤山馆区精品馆展出，这是系列特展之十五，其精彩的藏品相信一定会受到广大观众的欢迎。

浙江省博物馆馆长

2016年

# Preface

Cyan blue, out of blue, is similar to green, the color of fresh-washed sky, so cyan blue is also renowned as the color of life. Ancient Chinese ancestors who observed the sky and the land took delight in cyan blue. The poetic lines "your cyan blue clothes always linger in my mind" in *The Book of Songs • Zheng Feng* were the chants by our ancestors. The earliest porcelain wares in archaeological discoveries were also in cyan blue glaze, and though the glaze at that time was yellowish, or greenish sometimes, the aesthetic interest guided by such a love of cyan blue dominated Chinese porcelain as long as 3,000 years. The earliest celadon, called "proto-celadon", appeared in the Xia Period in BC 2000, and it was linked to bronze—another cyan blue metal, which was the indication that the invention of porcelain glaze was probably associated with bronze smelting, so it was identical with the color of bronze wares. With the improving technology, the ancient Yue Kiln in Shangyu in the Eastern Han Dynasty produced blue-glazed porcelain with even and pure glaze, so the celadon witnessed a period of "peaks in everlasting green". In the Tang Dynasty, the porcelain industry prospered, shown in the saying "celadon in the south, white porcelain in the north and colored porcelain in Changsha were most famous" ; however, celadon was held in the highest position by literati, represented by "Tea Saint" Lu Yu (733-804) from the perspective of "being suitable to make tea". With "micro-firing" technology and unique natural resources in the late Tang Dynasty, *mise* porcelain, known far and wide, was turned out by the craftsmen in the Yue Kiln, with the glaze of "integrating verdant and cyan blue" and "jade-like and ice-like" glaze quality. Such a smooth and complete glaze greatly fascinated the upper class who advocated luxury of gold and silver.

The Song Dynasty, abandoning military pursuits and promoting culture, was the most elegant period in Chinese history, so high-quality glaze, i.e. azure after rain was expected. The official Ru Kiln, based on "micro-firing" and "glaze in sealing sagger" technologies, turned out porcelain wares in poetic azure glaze with high alumina clay of local areas; however, due to superb technology and small production volume, the wares produced in the official Ru Kiln were "very valuable and expensive" in the early Southern Song Dynasty. Meanwhile, the Jingdezhen Kiln in the south, also giving up white porcelain, produced greenish-white porcelain in line with the aesthetics of the Song Dynasty. Though the greenish-white porcelain did not show jade-like texture like that of celadon, its artistic beauty of "as green as sky, as bright as mirrors, as thin as paper and as clear as chime sound" intoxicated people at that time. As the Southern Song Dynasty favored elegance as ever, the Official Kiln and Longquan Kiln had high expectation of the beauty of glaze. With improved formula of glaze materials, the base could be glazed several times, so it showed more jade-like quality, e.g. soft pale moon-white and lavender grey, compared with that of the Ru Kiln. In addition, the limesoda made of two different materials had high viscosity, so glaze water experienced fully vitrification in firing. The transparent multi-layered green glaze, as verdant as pools of water in gullies, was named "plum green glaze", a poetic and southern name by later generations. The wares in lavender grey glaze and plum green glaze of the Longquan Kiln were consummate celadon products, not only because of crystal and heavy glaze, jade-like verdant color, but crackle-free quality, therefore, "Longquan Celadon" was selected into "Intangible Human Cultural Heritage" by the UNESCO in September 2009.

Fan Jiacheng, a rising star in the collection community of Hangzhou, has collected a lot of ancient porcelain products after Fan Caifu, his father. Mr. Fan Caifu used to be general manger of Hangzhou Fuyun Industry and Trade Company which is engaged in non-ferrous metals. Besides, Fan Caifu served as deputy to the NPC for three consecutive terms since 2002. Having lived in Hangzhou, capital of the Southern Song Dynasty, and been influenced by cultural heritage of Hangzhou, Fan Caifu began collecting cultural relics, in particular, after slack government policies towards folk collection in 1990s. He, after becoming rich in his business, started by collecting the Longquan celadon wares from his friends as he was enthralled by the dream-like glaze of the wares. Later, he collected Longquan celadon wares while on business all over the world. The charm of collection lies in that you are always looking for the next one so as to get to know the history of your collections. Subsequently, he purchased a lot of the wares of the Ru Kiln, the Yue Kiln and Jingdezhen Kiln from some collectors, therefore, his collection system of celadon wares came into being.

"Exhibitions of Zhejiang Folk Collection Gems Entering Museums" serve as a platform for the interactions between Zhejiang Provincial Museum and general public. In this exhibition, a fifteenth one, about 100 pieces/sets of ancient porcelain wares collected by Fan Jiacheng were selected and compiled into the book, *Charm of Celadon—Ancient Porcelain Gems Collected by Fan Jiacheng*, showcasing the depth and professionalism of his collection in order to be enlightening to the lovers of ancient porcelain collection. The collected items will also be exhibited in the Gushan Branch of Zhejiang Provincial Museum in May and it is believed that these excellent wares will be popular among the visitors.

**Chen Hao**
**Curator of Zhejiang Provincial Museum**

# 青韵悠悠

陶器的发明，是人类社会发展史上划时代的标志，2012年公布的测定结果表明江西万年仙人洞遗址出土陶片距今20000年。然而由陶到瓷的质变却让先民们走了16000多年的路程，山西夏县东下冯龙山文化晚期遗址出土20余件原始瓷残片，经碳14测定为距今4000年，与二里头出土物相当。就那一层莹亮的瓷釉，如同给坯器穿了一件漂亮的衣服，美化了粗糙的外表，降低了渗水率。对于瓷釉的发明，有多种假说，如窑内落灰造成的"落灰釉"说；坯体高温熔融自体内挤出的"暴汗釉"说；修坯沾水拍印形成说等，都囿于陶瓷工艺从低级向高级发展的模式。任世龙先生在《浙江古代瓷业的考古学观察》一文中指出："'由陶到瓷'似乎并非事物发展的必然规律"。笔者以为颇有见地，以上假说只注意了陶器上出现釉的可能性，而忽视了"釉"形成的条件——烧造温度，也就是说当时会不会在烧制陶器时将窑温有意识的升到可以出现釉的可能。有意思的是地球上早期的人类活动都会烧制陶器，却只有中国先民发明了瓷器，因此，釉的发明一定别有蹊径。

## 一 青铜时代造就的原始青瓷

人类社会发展到新石器时代晚期，出现了第二种通过化学变化将一种物质改变成另一种物质的创造性活动，那就是青铜冶炼，人类历史也因此跨入了一个以冶炼、铸造青铜器，并用之于军事、祭祀及其他生产生活活动的"青铜时代"。青铜冶炼需要1100°C的高温，在印纹硬陶出现以前是人为造成的最高温度了。中国古代青铜铸造与两河流域等地不同，两河流域和埃及等地铸造青铜器用的是失蜡法，青铜与陶分道发展。而中国古代青铜器铸造用的是泥范铸造法，不但需要陶，而且要求坩埚和模范等陶制品具备更高的抗压强、耐高温的特性，这就需要在原料中羼入一些"砂粒"，这种砂粒主要成份是石英、长石、花岗岩、片麻岩、砂岩等，与高岭土成份相一致。高岭土可耐高温1700°C，不仅是以后瓷胎的主要配料，也是配釉不可或缺的成份。羼入料的坯胎可以经受1100°~1200°C的高温，使得硬陶的胎里都有莫来石高温相和玻璃相生成，而非高温的良渚陶器、后来的唐三彩则没有[1]。在生产力落后早期社会，现在看来很容易的事情，在当时都是很难的。如果孤立地烧陶器，中国可能会像欧洲那样一直到18世纪才明白瓷器那些事儿，因为人们不需要煞费苦心地去提升二三百度的窑温，也不会发现羼和料可以帮助泥土烧成坚硬的器皿。正是这些硬陶在使用时让我们的先民们发现了其适合穿的"青衣"。《中国陶瓷史》说："印纹硬陶的胎质原料，根据其化学组成分析，基本上和同时期的原始瓷器相同"，那么它们的区别就在于有没有釉。郑州商代二里岗时期的作坊中发现熔铜器皿内壁上被玻璃相结晶体胶黏有成层的铜汁和铜渣，经分析其主要成份是高岭土（10%）、硅化火成岩和石英砂（73%）、玻璃相（15%）和石灰石，与原始瓷釉成份基本一致[2]。虽然商代铜作坊的时代稍晚于原始瓷出现的时代，但青铜冶炼技术夏商具有延续性，从技术层面讲早期的炉温应该更高一些。这些漂亮而透明的玻璃相很容易引起注意，并激发工匠们的灵感，调制出涂抹于器表的瓷釉。因此，当陶遇上青铜冶炼的高温，一切改变皆有可能。陶器因温度而改变，发展出印纹硬陶，并羞答答的披上"青衣"青涩登场。

青铜冶炼铸造对原始青瓷的影响，还可以从一些表象觅见端倪，如釉色和纹饰。古时青铜被称为"吉金"，其表色是黄色偏红（青灰色是因为入土受沁和出土氧化造成的），而原始青瓷的釉色也是黄色或青黄色为多，这固然有氧化气氛的缘故，但也不能排除古人有意模仿青铜色泽的可能。在青铜时代初期龙山文化中常见红色或黄色陶鬶，其流口、腹裆部常有模仿的金属铆钉，似为模仿铜鬶、爵、斝等容器，具备礼器功能。安徽屯溪西周大型墓葬将原始青瓷与青铜器同置于墓的东半部区位[3]。春秋战国时期连器形、纹饰都是模仿青铜器的，这应该和镂刻纹饰的铸范也有关系。无锡鸿山战国大墓出土的原始青瓷，不但形制纹饰与青铜器无二，且成组成套，俨然按青铜礼器规制制作的原始青瓷器（图一）。

与成熟青瓷相比，原始青瓷初创的原始性也是显而易见的。最直观的就是釉面不甚平整，民间俗称"蛤蟆釉"，书面语多以"暴汗釉"称之。这种表面的不完美，反映了初创阶段对胎泥的淘练不精，以及成型

图一　战国原始青瓷双活环耳罐

时疏于打磨，仍然以制陶的方法来制瓷坯，这样就使坯胎的气孔率增大。加之施釉工艺的单一，窑炉结构的开放以及由此引发的窑温、气氛的影响，使得釉在高温环境下受到胎骨的气孔、釉汁流淌、窑里落灰等因素的影响，表面形成了疙瘩状釉。而且釉面大多有极细的冰裂纹。再一个直观的原始性表现在造型主要模仿青铜器，没有自成体系的作为瓷器的专门器形。根据考古调查，原始青瓷的窑炉结构比较简单，单件器物或叠烧器物基本都是直接置于窑床上烧造的，完全的氧化气氛（同[1]），因此，原始瓷的釉色大多为青黄色。有些青褐色是铁含量高引起的，跟窑炉气氛无关。与东汉成熟青瓷相比，此时胎的铁含量较高，在2.3%~5.7%之间，所以窑温不能太高，烧结程度稍欠一点。

秦汉之际，原始青瓷并没有尽如人意的向着成熟青瓷发展，而是胎釉都不如战国时期精致了。施釉虽较战国的厚，但普遍发色较深，呈青绿或黄褐色，釉光暗涩，可能是为了在偏低的窑温中烧出釉色，在釉料中加多了氧化铁所致。而且施釉也从通体施釉变为口、肩等局部施釉，似有敷衍之意。这种状况可能与当时上层社会流行使用华美的漆器而将青釉陶瓷用于丧葬有关。这些工艺退步的青釉器被有些学者称之为"高温釉陶"，笔者以为这实在是一个似是而非的悖论性命名。陶瓷上的"高温"专门是指能够让坯胎瓷化的温度，高温烧出来的不可能是"釉陶"；被"高温釉"附着的也不可能是陶器，除非陶器表面的釉被高温瞬间玻化。现在全国可移动文物普查统一定名这类青釉器为"原始青釉瓷"，似也可行。但从"多数胎质粗松，存在着大量的气孔，吸水率高"来看[4]，很大一部分更具釉陶特征。


## 二　开启千峰翠色的成熟青瓷


对于成熟青瓷的标准和起始时间历来颇有争议，但对于上虞小仙坛出土的东汉晚期瓷片标本，国内专家学者一致认定为成熟青瓷。李家治《我国瓷器出现时期的研究》对小仙坛青瓷标本测得的烧成温度为 $1310 \pm 20°$ C，氧化铁含量为1.64%，抗弯强度达710公斤/厘米$^2$，超过了康熙青花觚的抗弯强度。显微照相可见釉内已无残留石英，其他结晶也不多见，釉泡大而少，釉特别透明而酷似一池清水[5]。毫无疑问，这些理化指标足以证明上虞小仙坛青瓷标本为成熟青瓷。从原始瓷出现到公认的青瓷烧成，经过大约二千年的发展。青瓷生产从衍生、混烧到逐渐自成体系，并根据青瓷自身发展要求不断完善。在诸多理化指标中，最核心的是1310° C窑温，与以往原始青瓷相比，窑温差不多升高了100° C，这100度用了近二千年的时间，还需要从原料开始，对一系列工艺都进行不断地改进才能实现。在早期的瓷土中，一般铁的含量都比较高。如原始瓷业比较发达的浙江地区，瓷土的含铁量普遍较高，铁在坯胎中有助熔作用，能使坯胎在略低的窑温中烧结，但也制约着瓷质向更高的层次迈进。到东汉中期，上虞地区的工匠找到了铁含量2%以下的瓷土，并将瓷土淘练得更精细，极大地提高了坯胎对高温的耐受程度。窑温要上去，窑炉的改进至关重要，依山而建的龙窑可能是提升窑温的关键因素。前两年，研究者在平地上建造龙窑，虽有坡度和烟囱，但抽力仍不理想。更要命的是开窑的前一天晚上刮大风，直接影响了烧窑的温度，迎风的一侧和背风的一侧窑温居然差 100 度，以至于半窑瓷器生烧而成废品[6]。因此，依山而建既能拔风，又能防风，加之窑炉密封性能、投柴方法的不断改进，窑炉气氛形成了适合釉色出青的还原气氛，窑温也升到了足以改观青瓷的 1300° C 高温。此温度使瓷胎里的莫来石和玻璃相都发育的很好，"偶尔亦见玻璃中的二次莫来石"（同[5]），是不折不扣的瓷胎了。东汉中晚期青瓷的表征明显的优于原始青瓷，更有其他工艺上的进步，此时器物成型已用陶车拉坯、修坯，所以器形规整，器表细润平整，利于施釉。虽然二千年来一直都是石灰釉，但此时青瓷胎釉结合紧密，以蘸釉法上釉，釉层明显增厚，釉面平整，几乎没有胎骨的气孔破坏釉面的情况。上虞地区的先越窑青瓷釉色青中带灰，淡雅清澈，如晋人潘岳《笙赋》中所说的"缥瓷"，个别的已达千峰翠色。高温石灰釉的玻化程度比较好，在冷却的过程中，胎釉的膨胀系数不一样，极易形成釉面开细冰裂纹，成为东汉六朝青瓷无法克服的缺憾。

六朝青瓷似乎是东汉晚期青瓷的延伸，虽然各时期发展不甚平衡，但内在的质量和外观的青釉都没有实质性的改进，甚至窑业兴盛地区仍集中在上虞为中心的周边区域。六朝的政治中心——即现在的南京离瓷业中心上虞并不太远，凭借优良的品质，先越窑青瓷保持着独尊的地位。

## 三　神奇又神秘的青瓷品种——秘色瓷（图二）

浙江青瓷自东汉以来，秉持低铁、高温、还原焰的制瓷原则，赢得了瓷甲天下的美誉。然而，到了唐代，青瓷中实用瓷器增多，用惯漆器的王公贵族自然嫌它厚重，还有釉泪、开片等缺陷。在一个以宫廷文化和审美意趣为主导的社会，得不到上流社会的青睐，就意味着没有高端市场，也就没有动力和银钱将品质提高。时至唐代中期，有一位叫陆羽的文人，写了一本《茶经》，从宜茶的角度评定天下瓷质茶碗，以越州为上，并赞其"类玉类冰"。晚唐陆龟蒙的《秘色越器》诗更是赞美越窑瓷器的釉色是"夺得千峰翠色来"。文人的赞誉，为越窑瓷器进入以金银器为主的宫廷作了铺垫。1987 年法门寺地宫的开启，掀起了神秘面纱的一角，地宫的《献物账》明确记载了唐懿宗供奉的"瓷秘色椀七口，内两口银棱，瓷秘色盘子、叠子共六枚"等 13 件秘色瓷，与地宫

图二　唐越窑十曲花口碟

正中央红漆竹编圆盒内盛放的 13 件秘色瓷形制、数量完全相符，这是人们首次见到的唐代人称之为秘色瓷的实物。地宫内所有文物的供奉时间是唐懿宗咸通十五年（874 年）。关于秘色瓷，为"色"所困之人不在少数，所谓"色"字在古文中多作"种类"、"品种"解，"秘色"就是"神秘（工艺）的种类"之意。（详见拙作《越窑刍议》[7]）下面我们通过地宫文物表象分析、考古科研数据和现代的实践经验来探讨一下秘色瓷的神奇之处。

首先还是窑温，但不是升温，而是降温。此前石灰釉青瓷为追求青铜般的光亮色泽，一路高温。隋代开始科举取仕之后，文人逐渐主导上流社会的审美风尚，他们讲究含蓄典雅，色泽要求温润如玉。为此窑工们有意识的将窑温降下来，用微生烧技术取得了如玉的釉质。根据上海硅酸盐研究对唐宋越窑瓷片的测试，唐宋越窑瓷片标本的窑温在 1100° C 左右，较高的、接近秘色瓷的标本也只有 1140° C[8]。这个测试结果曾被许多人怀疑有误，但据余姚的仿古艺人说他们也是烧到 1150 ~ 1180° C，这跟原料是有关的，需要深层的土才能烧成。这让笔者突然想起北宋谢景初《观上林埏器》的诗句："作灶长如丘，取土深於堲"。深堲之土有着天然陈腐的功效，杂质少，在自然的压力下细腻而易塑。含铁量恰到好处，以此制釉，不会因含铁过低而在微生烧窑温里烧不出釉。石灰釉的特性是窑温越高，釉质越是透亮，后遗症是釉面开裂、流淌。微生烧虽然胎骨硬度欠一些，但终于解决了长期困扰石灰釉青瓷流裂的缺陷，并闪烁着玉一般的光泽。其次素烧打磨。对于含铁量较高的浙江瓷土来说，胎壁减薄并非易事，施釉时胎壁会因吸入水分而发软垮塌，推测当时的坯胎是经过素烧的。依据有二，一是法门寺地宫十三件秘色瓷中，有两件外壁是素烧后做漆平脱工艺的；二是受越窑工艺影响的汝官窑，其坯胎都是经过素烧的。素烧工艺使胎壁可做的较薄，且不至于施釉时因水分而垮塌。《法门寺文物图饰》作者观察 13 件秘色瓷后说"胎骨作浅灰色，颗粒均匀纯净，没有当时瓷胎多见的杂色和粗大颗粒，并且在上釉前均经细磨，表面无饰。"胎面的细腻平整是釉面匀净的保证，对此越窑工匠早有体会，但制作秘色瓷时，将这种"磨洋工"发挥到了极致。第三是匣钵封釉技术。根据寺龙口窑址的考古发掘，秘色瓷是采用了匣钵封釉技术[9]，增强了器物小环境中的还原气氛，所谓的"千峰翠色"、"捩翠融青瑞色新"、"巧剜明月染春水，轻旋薄冰盛绿云。"[10]等都是因为封釉技术巧夺来的。这是前无古人的创举，绝对称得上是秘不示人的独门绝技。秘色瓷之所以出类拔萃，是因为素烧打磨保证了表面的光洁；微生烧解决了釉面的流裂现象而使釉质如玉；匣钵封釉技术形成的强还原气氛，使其瑰丽的青色稳定"出彩"，成为传统的石灰釉青瓷的巅峰之作。

## 四　从千峰翠色到青如天——汝官窑

越窑从北宋中期开始日渐式微，这和另一种青瓷兴起有着直接的因果关系，那就是天青色的汝官窑青瓷。汝官窑的出现，标志着对青瓷审美意趣的转型，从山林之美的"千峰翠色"走向天空之美的"青如天"。这种转变的实现首先得益于就地取材、适合烧天青釉瓷的高铝粘土，它与铁含量较高的越窑瓷土不同，能耐高温，至少烧到1300°C才会致密，烧结后的呈色较白。以此制釉，也因含铁量低形成雅致的天青色。而窑温高低和气氛的不同，使釉的呈色有月白、粉青、卵青、豆青、天青、灰青、虾青之别。如果将汝窑的釉烧到胎骨致密的温度，那么石灰釉就会完全玻化透明，且会流淌，这不符合中国文人"类玉"的审美原则。事实上汝官窑是"重器不重质"的，放弃内在质量的追求，借鉴秘色瓷的微生烧技术实现了审美意趣的转变（图三）。

上海硅酸盐研究所对汝官窑的瓷片标本进行测试，大多数窑温在1150～1220°C，比胎骨所需窑温低近100度，比越窑秘色瓷略高，那是为了天青的釉色。颜色最正的天青釉汝官瓷是1200～1220°C的窑温，还需要较好的还原气氛。据考古调查，汝窑后期阶段，90%的匣钵采用外壁涂抹耐火泥工艺，和秘色瓷匣钵封釉异曲同工。略高于秘色瓷的窑温虽然利于发色，却重新又使釉面开片，成为大多数汝官器的缺陷，至少宋人是这样认为的。成书于南宋中期的《百宝总珍集》[11]"青器"条记载：

> 青器
>
> 汝窑土脉偏滋媚，高丽新窑皆相类。高庙在日煞直钱，今时押眼看价例。
>
> 汝窑土脉滋媚，与高丽器物相类，有鸡爪纹者认真，无纹者尤好。此物出北地。

新窑，修内司自烧者。自后伪者，皆是龙泉烧造者。

清代四库馆臣考定《百宝总珍集》为临安商贾所编，商家的眼光可以说是代表了消费者的看法，有"鸡爪纹"的虽真，但不是最好的，"无纹者尤好"。开片本来是缺陷，但买家都以此作为"真"的标准，亦使后来摹仿汝官器的如南宋官窑、龙泉窑都将此作为"像不像"的特征来烧制，形成了中国古陶瓷上的扑朔迷离的"哥窑现象"（图四）。

汝窑青釉之所以美，和它的窑炉和燃料也有很大的关系。汝窑开始沿用民间的马蹄形窑，

图三　宋汝窑青绿釉花口碗

图四　南宋立耳鼎式炉

图五　宋汝官窑花瓣形盏托

每窑可装烧 30 件左右的器物。到了鼎盛时期，改成了椭圆形小窑炉，每窑只能装烧 20 厘米左右的器物 10 件。这应该也是汝官窑器在南宋初期就"煞直钱"的原因吧。小窑炉的窑温比较均匀，保温也比较好，成品率会高一点。再一个可能与省料有关。宋代北方许多窑场都是烧煤的，燃煤需要充足的氧气，不利于还原气氛的形成，所以许多定瓷的积釉处都是泛黄的。而木柴火焰长，可以在半缺氧的情况下烧制还原气氛，特别有利于青釉瓷的烧成。研究者认为汝窑遗址发掘出来的 15 座窑炉均为柴窑。烧瓷对柴火的需求量很大，对周边植被的破坏会很严重，所以，窑炉改小既省料又能较好的利用热能。

宋代是一个讲标准的时代，古代建筑标准书籍《营造法式》就诞生于此时。作为御用瓷器，汝官器也是按标准生产的，据考古调查，御用汝瓷大多数是"澄泥为范"的，包括部分碗、盏、套盒等，大型器和不便使用模具的器物，才以手工拉坯。用模范成型的器物大小一致，形制规整，特别是花瓣形的弧线不易走样。再一个就是方便核算。为了保证釉质的匀净，和越窑秘色瓷一样，所有的坯胎都是经过打磨和素烧的。素烧坯很多时候是和瓷器同窑烧制的，说明当时的工匠是很经济的，既便是烧不熟瓷器的窑位也不会任其闲置。汝官器模范成型，经打磨、素烧，胎面及其平整光洁，非常有利于施釉。而微生烧使其釉面不流淌，形成微乳浊状的柔和的釉光。微生烧还使胎骨不太致密，呈现"香灰"的色泽。汝官器的手感较同类大小厚薄的瓷器为轻，上手掂量和抚摸犹如一件精致的漆器（图五），无怪乎宫廷"唯用汝器"了[12]。

## 五　继往开来的南宋官窑青瓷

无论是《坦斋笔衡》的"袭故京遗制，置窑于修内司，造青器，名内窑"，还是《百宝总珍集》的"汝窑土脉偏滋媚，高丽新窑皆相类"，南宋时期的人都一致认为南宋官窑是仿汝官窑的，现代考古也证明了宋人所述不虚。1990 年考古工作者在上林湖低岭头窑址发掘时，发现有月白、天青釉瓷器，"以支钉支烧，釉面滋润而含蓄，呈半失透状，这类瓷器的形制、釉色、烧成工艺等皆与北宋晚期的汝窑御用瓷器相似。"[13] 1998 年 5 月 ~2001 年 3 月，杭州市文物考古所对老虎洞窑址进行两次发掘，清理出 3 座龙窑，4 座小型素烧炉，素烧炉与汝窑小型馒头窑相类。出土瓷片的釉色以粉青为主，米黄色次之，釉面大多开片，釉层由薄变厚，以支烧法为主[14]。粉青釉也是汝官瓷的主要釉色，与传统的浙江青瓷的艾青色不同。釉面开片特别是鱼鳞纹也是汝官瓷的特色，在南宋官窑瓷器上也经常能见到。釉层由薄变厚正是南宋官窑继往开来的写照。

宋室渡南，仓皇而狼狈，国之大事祭祀所用之器当是所剩无几了，想要在短时间内获得祭祀用器，只有利用当地的窑场生产所需之器。然而皇帝难却故都情怀，想要汝官窑的天青、粉青釉瓷，自然要引进汝窑的工匠和技术，这就是我们看到的为什么南宋初期无论是上林湖越窑，还是老虎洞官窑的器物都突然一改以往的面貌，甚至被秘色瓷克服的开片也成为普遍现象的原因，这都是"继往"的因素。但是环境制约着南宋官窑不可能烧出与汝窑一样的釉色，高铁粘土和紫金土的胎色远重于高铝粘土，往往会影响釉的呈色，而且还不耐高温。为了克服这些不利因素，官窑引进了汝窑的小馒头窑，将坯胎进行素烧，以加强其机械强度。从秘色瓷到汝官器都是以略降窑温来实现如玉的质感的，汝官器里的月白釉窑温只有 1100°C 左右，釉面发木，基本不显胎色，青色也发育不好。到 1200°C 便是粉青与天青的分界线了。官窑初烧瓷时釉并不厚，与汝窑相似，也是依靠微生烧来掩盖胎色（根据测试数据老虎洞官窑的平均窑温要低于郊坛下官窑[15]）。其后发明了多次上釉的技术，每上一次釉都要素烧一次，一般都要施三四次釉，最后以 1200~1240°C 的窑温烧成。这个窑温对于硬质瓷来说是偏低的，比汝官窑天青釉瓷高了 20°C，但对于厚釉青瓷来说是把控得恰到好处。根据实验，这种厚釉青瓷烧成温度不宜过高，最高烧成温度下的保温时间宜短，降温速度不宜太快，这样才能获得如玉般柔和、莹润、乳浊或半透明的外观[16]。老虎洞官窑青瓷早期开片和汝官窑相似，片纹较小，厚胎青瓷出现以后形成了别具特色的大开片。实践证明，釉层愈厚，片纹愈大；釉层愈薄，纹片愈小[17]。这也是为什么龙泉窑的片纹与南宋官窑相似的原因。成品老虎洞官窑瓷器虽没有汝窑"滋媚"，但同为粉青釉的釉色要凝重深厚一些，釉面也润洁一些。厚釉工艺是南宋官窑（或龙泉窑）对中国古代制瓷业发展的一大贡献。一方水土孕育一方物产，南宋官窑高铁粘土和紫金土掺和的瓷胎，虽然不利于青釉的发色，却成就了其标志性的特征——紫口铁足。紫口，是因为口部胎薄，厚釉在高温下凝不住而变成薄釉，露出深褐胎色所致。铁足，是因为南宋中期以后改用垫饼支烧，器物足端必须刮去瓷釉，足端烧成后二次氧化变成深褐色。这本是无奈之事，却被后人"认真"，成为南宋官窑的标志性特征而加以模仿。

### 六 如翠似玉的龙泉窑青瓷

龙泉窑是中国历史上最后一个著名的青瓷瓷窑，其粉青、梅子青瓷器也是古代青瓷的巅峰之作，为此，2009 年 9 月"龙泉青瓷"入选联合国教科文组织《人类

图六 北宋龙泉窑高浮雕莲纹五管瓶

图七　北宋龙泉窑广口无执壶

非物质文化遗产代表作》名录。龙泉窑制瓷历史悠久，但就瓷业地位来说，北宋中期之前其主要是学习别人的制瓷经验（图六），最好的产品也就是模仿越窑青瓷，其成就不足以和同时期知名瓷窑相比拟。

时至北宋晚期，龙泉窑初露创建自己品牌的端倪。成书于南宋绍兴年间的庄绰《鸡肋编》云："处州龙泉县……又出青瓷器，谓之秘色，钱氏所贡，盖取于此。宣和中，禁廷制样须索，益加工巧。"该文献是南宋初人写北宋末年事，本应该是可信度比较高的，但文中称龙泉瓷为秘色，还和"钱氏所贡"联系在一起，连他自己也不自信，用了一个"盖"字。而且"宣和中，禁廷制样须索"也与以前的考古调查资料对不上。凡此种种饱受后人诟病。笔者以为这条文献最关键的是大家无法知晓庄绰看到的是什么样的龙泉青瓷器，有四种可能：一是他看到的可能是越窑产品，误认为是龙泉窑；二可能是龙泉仿越窑产品；三是将类越窑那种艾色青瓷统称为秘色；四是当时人可能将优质青瓷都称为秘色，古代文献还有把汝瓷和高丽青瓷也称为秘色瓷的。前三种情况即使"宣和中，禁廷制样须索"，也与龙泉窑自立门户关系不大。第四种则与龙泉窑的发展关系密切了。近几年浙江省文物考古研究所在龙泉县系统调查中发现岙底地区的窑址中有一类青瓷，这类青瓷制作规整，胎色较白，稍淡的翠青釉，釉面平整，标本中还有刻螭龙的，非同时期其他龙泉瓷可比（图七）。省考古所郑建明先生认为这类精致的青瓷很可能就是庄绰《鸡肋编》提及的"制样须索"的宫廷用瓷[18]。果真如此的话，这将是最早的龙泉窑自己面貌的产品。

上揭《百宝总珍集》提到汝窑"自后伪者，皆是龙泉烧造者"。《百宝总珍集》是南宋中期临安商贾说当朝的古玩珍宝，而且行文语俚言俗，明白如话，可信度较高。此语揭示了一个现象，就是当时就有龙泉仿汝窑的瓷器在杭州市场出卖。汝窑的特色就是粉青和天青色，这两种釉色差别很小，天青色比粉青釉颜色稍青一点，那么《百宝总珍集》所说的龙泉仿品一定是粉青类，有别于传统的艾青色。宋赵彦卫《云麓漫钞》载："今处之龙溪出者色粉青，越乃艾色"。证实了当时龙泉出产瓷器已从模仿越窑制瓷工艺转到了仿汝的粉青色釉，这是符合宋人审美要求的、与时俱进的改变，而且龙泉瓷土的铝、硅含量与汝窑瓷土非常接近，特别适合仿烧汝瓷的釉色（图八）。但汝窑特征之一是釉面大部分开片，而本图录所刊的几件粉青釉瓷器基本不开片（图九），宋龙泉窑刻花梅瓶的局部大片纹，据收藏者说是在收藏过程中日渐出现的，其中的原因得益于龙泉窑胎釉配方的改进。据化学分析，龙泉窑的白胎是瓷石加紫金土的二元配方，研究者对加入紫金土所起作用的解释似可商榷，一说是为了降低白度，加深釉色[19]；另一说是为了提高胎体强度[20]。笔者以为加入紫金土最重要的是增加铁含量，降低烧结的窑温，以达到既烧结又不至于使釉面开裂的窑温。此时的釉料同南

图八　宋龙泉窑刻花梅瓶

图九　南宋龙泉窑弦纹筒式三足炉

图十　南宋龙泉窑双竹节耳三足炉

宋官窑中期一样，由北宋单一的石灰釉变为含碱金属氧化物（氧化钾、氧化钠）的石灰碱釉，釉的黏度增大，不易流淌，使烧造厚釉成为可能。因此，对比龙泉窑粉青与汝窑粉青、官窑粉青，胎釉改进后的龙泉窑更胜一筹，釉面不流不裂，釉质肥润莹净，是前无古人的顶级青瓷（图十）。

如果说龙泉粉青釉瓷是将宋代美学发挥到了极致，那么其后的梅子青釉则是青瓷美学从天空到山林的回归。先来看一则研究龙泉青瓷最有价值的宋代文献史料：

明嘉靖年间刊印的陆容（1436～1497年）《菽园杂记》，引录了来自南宋嘉定二年（1209年）编修的《龙泉县志》的记载：

青瓷初出于刘田，去县六十里。次则有金村窑，与刘田相去五里余。外则白雁、梧桐、安仁、安福、绿绕等处皆有之。然泥油精细，模范端巧，俱不如刘田。泥则取于窑之近地，其他处皆不及。油则取诸山中，蓄木叶烧炼成灰，并白石末澄取细者，合而为油。大率取泥贵细，合油贵精。匠作先以钧运成器，或模范成形。候泥干，则蘸油涂饰，用泥筒盛之。置诸窑内，端正排定，以柴篾日夜烧变。候火色红焰无烟，即以泥封闭火门，火气绝而后启。凡绿豆色莹净无瑕者为上，生菜色者次之。然上等价高，皆转货他处，县官未尝见也。[21]

该史料记录翔实，从地点、原料、制作、烧造和销售等各个方面对龙泉窑的生产进行记述，如现场实录一般，更可贵的是与现代考古调查的情况基本吻合，这是其他各类文献不能比拟的。文中揭示了龙泉瓷最好的产品是"绿豆色莹净无瑕者为上"，应该就是龙泉窑的顶级青

图十一　南宋龙泉窑大荷叶盖罐　　　　　　　图十二　南宋龙泉窑狻猊钮盖大香炉

瓷——梅子青釉青瓷。梅子青釉的烧成是建立在纯正粉青釉烧成的基础上的，其釉中的铁含量略高于粉青釉，从呈色剂上增加显青的成分。窑温也更高，在 1250 ~ 1280° C 之间，这在唐代以后的青瓷中是最高的。从汝窑的釉料研究中可以看出，当窑温上升到 1220° C 以上时，釉料就完全玻化，此时釉层中产生更多的玻璃态物质，液相分离现象已完全消失，在强还原气氛中，釉层呈现光泽较好的透明青釉。梅子青釉的釉层更厚，较厚的釉层会产生叠加效应，正如水潭中的水，水越深的地方颜色越绿。石灰碱釉的黏度可以保证厚釉均匀地施于器表而不流淌，使釉面匀润地呈现出美丽的翠绿色（图十一、图十二）。

梅子青釉不流不裂，釉层肥厚，釉面匀净，发色纯正，而且烧成温度高达 1280° C，这是历史任何瓷窑都不能做到独门绝技。从胎釉和烧造工艺来说，历史上任何时期的青瓷都不能出其右，成为青瓷发展的顶峰。元代和明早期龙泉官瓷也基本都是依此标准烧制青瓷的。

## 七　为宋代美学而生的青白瓷

青白瓷不是青瓷，也不是白瓷，其釉色为青中闪白，白里透青的青白色，接近青瓷中的粉青釉色，青色的成因也同为氧化铁。因其透光性好，色泽隐隐约约，又称影青、隐青、映青等。从名称上看，青是这款瓷器的主要特征，闪白是为了迎合宋代审美的淡雅格调。上溯唐五代，景德镇已有越窑类的青瓷和白瓷，并没有青白瓷。宋代破空而来的青白瓷似乎不符合我国古陶瓷继承和发展的演进序列，却可以从宋人以晴空为美的审美理念找到理由。据说五代末的柴世宗曾为有司所请御批"雨过天青云破处，者般颜色作将来"，柴世宗虽是五代末期人，传说的御批却成为宋代釉色之美的源流。北方"天青"釉的代表就是皇室御用的汝官窑青瓷。南方则流风所及浙江、福建、安徽、广东、四川、湖北等长江以南诸省民窑，均烧制淡雅的青白釉瓷器，但以景德镇的青白瓷为最好，有"饶玉"之誉，行销大江南北，所谓"江湖川广器尚青白，出于镇之窑者也"[22]。更因为其产品品质优良，在"宋景德中置镇，始遣官制瓷贡京师"[23]，一度成为贡奉朝廷的御用瓷。

据《中国陶瓷史》统计的资料，最早的青白瓷出土于北宋咸平三年（1000 年）的墓葬中，直到北宋中期的墓葬，那些出土的青白瓷都反映出尚处探索阶段的不成熟，釉色青味不够，多为偏灰色和浅米黄色。北宋晚期到南宋初，是景德镇青白瓷的黄金时期，这得益于此时原料地层优质"高温瓷石"的出现，景德镇青白瓷是用单一瓷石制坯胎的，以往的瓷石制成的坯胎耐不了高温，而这种瓷石制成的坯体能经受 1230 ~ 1270° C 之间的高温[24]，烧成后胎质坚致，叩之其声如磬。景德镇瓷石也有缺点，粉碎陈腐后的胎泥可塑性较差，拉坯很难一次性拉得很薄，所以在成型晾干后，要在陶车上旋坯刮削，使其达到一定的薄度，烧成后胎薄如纸，透光性非常好，视觉上也轻盈飘逸。青白瓷的釉还是传统的石灰釉，由 65 ~ 70% 的胎泥和 35 ~ 30% 的石灰配比而成。胎泥是高铝的瓷石陈腐而成，铁含量较低，在高温还原气氛中由于少量氧化亚铁和微量氧化钛的作用，使釉呈较淡的青色，如雨后晴空。石灰釉经高温烧成后的透明度也比较好，在与胎的作用下，使瓷器器壁的透光度大为提高，釉面莹润，其明如镜（图十三）。此期间的景德镇青白瓷，就是历史上盛赞的"青如天，明如镜，薄如纸，声如磬"的青白瓷。她与汝官窑一个南一个北，一民窑一官窑，唱响了青釉审美的变奏曲，淡雅柔和的青色成为此阶段的流行色。

综上所述，中国古代因青铜冶炼发现了沾在耐高温的硬陶上的结晶体而发明了釉，之后一路探寻窑温与胎釉之间的关系，终于在东汉晚期烧制出了"千峰翠色"的硬质瓷器。随着

图十三　宋青白釉刻划花斗笠碗

器用变化，审美意识的转变，以及茶文化的兴起，高温釉的清亮以及流裂的瑕疵渐为人们所不屑，微生烧的秘色瓷令人神迷，登入庙堂。宋代汝官瓷虽在技术上步越窑秘色瓷之后尘，但其梦幻般的、雅致的青色，扭转了三千年来的青瓷审美之乾坤，南方的青白瓷和龙泉粉青也随风而起，使青瓷审美彻底改观。然而这种雅致的青瓷并没有永统江湖，很快被另一种江南山水诗般的青瓷——梅子青所取代，其葱翠欲滴的釉色令人目眩，成为元明高端青瓷的标准。16世纪龙泉青瓷远渡重洋来到法国，梅子青的美色令浪漫的法兰西人目瞪口呆，无法比拟，只能以当时歌舞剧主人公雪拉洞穿的美丽青衣作比，称其为"雪拉洞"。美色是世界性的，美器也是世界性的，青瓷悠悠让世界认识了中国——China！

## 注 释

［1］"瓷之源"课题组：《原始瓷的起源》，《原始瓷起源研究论文集》，文物出版社，2015年。

［2］田海峰：《试谈商周青铜冶炼和原始青瓷起源的关系》，《景德镇陶瓷》，总第26期，1984年。

［3］殷非滁：《安徽屯溪西周墓葬发掘报告》，《考古学报》1959年4期。

［4］中国硅酸盐学会：《中国陶瓷史》，文物出版社，1982年，122页。

［5］中国硅酸盐学会：《中国陶瓷史》引李家治《我国瓷器出现时期的研究》的内容，文物出版社，1982年。

［6］慈溪中立陶瓷博物馆以龙窑试烧越窑青瓷。

［7］《五侯鲭——浙江民间收藏精品走进博物馆十周年纪念展特集》之《周晓刚珍藏越窑青瓷》，文物出版社，2014年。

［8］李家治等：《从工艺技术论越窑青釉瓷兴衰》，《浙江省文物考古研究所学刊》之《2002越窑国际学术讨论会专辑》，2002年。

［9］浙江省文物考古研究所等：《寺龙口越窑址》，文物出版社，2002年。

［10］（五代）徐夤：《贡余秘色茶盏》。

［11］宋元谱录丛编《百宝总珍集》外四种。上海书店，2015年。句读为笔者重新标点。

［12］汝窑瓷章节所引考古资料和科学测试资料均来自《中国古陶瓷研究》第七辑。

［13］《浙江省文物考古研究所学刊——2002越窑国际学术讨论会专辑》，沈岳明《越窑概论》，2002年。

［14］杭州市文物考古所：《杭州老虎洞窑址瓷器精选》，文物出版社，2002年。

［15］李家治等：《杭州凤凰山麓老虎洞窑出土瓷片的工艺研究》，原载《建筑材料学报》2000年12月，笔者参阅的是网络版。

［16］李伟东等：《杭州凤凰山麓老虎洞窑出土瓷片的显微结构研究》，北京大学中国考古学研究中心等：《南宋官窑与哥窑》，浙江大学出版社，2004年。

［17］朱学斌：《南宋官窑青瓷工艺研究》，北京大学中国考古学研究中心等：《南宋官窑与哥窑》，浙江大学出版社，2004年。

［18］郑建明：《北宋龙泉窑略论稿》，《中国古瓷窑大系·中国龙泉窑》，中国华侨出版社，2015年。

［19］朱伯谦：《龙泉青瓷简史》，《揽翠集》，科学出版社，2009年。

［20］秦大树：《龙泉窑的历史与研究》，《中国古瓷窑大系·中国龙泉窑》，中国华侨出版社，2015年。

［21］《明代笔记小说大观》，上海古籍出版社，2005年。

［22］康熙廿一年《浮梁县志》原刊本《陶记》。

［23］明清版的《江西通志》均有记载。

［24］Nigel Wood：《胎－石灰釉和青白瓷》，《中国古陶瓷研究》，科学出版社，1987年。

# 目　录

01 战国原始青瓷双活环耳罐 / 026
PROTO-CELADON JAR WITH TWO MOVABLE RING EARS, THE
WARRING STATES PERIOD

02 唐越窑刻水仙花大执壶 / 028
BIG EWER WITH INCISED DAFFODIL PATTERNS OF THE YUE
KILN, THE TANG DYNASTY

03 唐刻划花荷叶碗 / 030
LOTUS-LEAF-SHAPED BOWL WITH INCISED FLOWERS, THE
TANG DYNASTY

04 唐越窑双系瓜棱罐 / 032
MELON-RIDGE JAR WITH TWO EARS OF THE YUE KILN, THE
TANG DYNASTY

05 唐越窑十曲花口碟 / 034
ORNAMENTED MOUTH SAUCER OF THE YUE KILN, THE TANG
DYNASTY

06 五代越窑摩羯鱼纹大碗 / 036
BIG BOWL WITH FISH-DRAGON PATTERNS OF THE YUE KILN,
THE FIVE DYNASTIES' PERIOD

07 北宋越窑瓜棱酒注 / 038
MELON-RIDGE WINE JAR OF THE YUE KILN, THE NORTHERN
SONG DYNASTY

08 越窑双系八棱叶纹梅瓶 / 040
OCTAGONAL PLUM VASE WITH LEAF PATTERNS AND TWO
EARS OF THE YUE KILN

09 北宋越窑划花婴戏纹盒 / 042
BOX WITH INCISED KID PLAYING PATTERNS OF THE YUE KILN,
THE NORTHERN SONG DYNASTY

10 宋耀州窑飞天纹斗笠碗 / 044
BAMBOO-HAT-SHAPED BOWL WITH FLYING FAIRY PATTERNS
OF THE YAOZHOU KILN, THE SONG DYNASTY

11 金耀州窑月白釉深腹碗 / 046
DEEP BELLY BOWL IN MOON WHITE GLAZE OF THE YAOZHOU
KILN, THE JIN DYNASTY

12 宋汝窑青绿釉花口碗 / 048
ORNAMENTED MOUTH BOWL IN BLUISH GREEN GLAZE OF
RUYAO KILN, THE SONG DYNASTY

13 宋汝官窑花瓣形盏托 / 050
FLOWER-PETAL-SHAPED SAUCER OF IMPERIAL RUYAO KILN,
THE SONG DYNASTY

14 宋汝官窑圆形套盘 / 052
ONE OF A SET OF ROUND PLATES OF IMPERIAL RUYAO KILN,
THE SONG DYNASTY

15 宋青釉斗笠碗 / 054
BAMBOO-HAT-SHAPED BOWL IN BLUE GLAZE, THE SONG
DYNASTY

16 北宋龙泉窑高浮雕莲纹五管瓶 / 056
FIVE-TUBE POT WITH HIGH RELIEF LOTUS PATTERNS OF
LONGQUAN KILN, THE NORTHERN SONG DYNASTY

17 北宋龙泉窑堆龙盖瓶 / 058
COVERED POT WITH PASTED DRAGON PATTERNS OF
LONGQUAN KILN, THE NORTHERN SONG DYNASTY

18 北宋龙泉窑褐彩铭文五管瓶 / 060
FIVE-TUBE BROWN COLOR VASE WITH INSCRIPTIONS,
LONGQUAN KILN, THE NORTHERN SONG DYNASTY

19 北宋龙泉窑广口无执壶 / 064
FLARED-MOUTH EWER WITHOUT HANDLES OF LONGQUAN
KILN, THE NORTHERN SONG DYNASTY

20 南宋龙泉窑凤耳瓶 / 066
VASE WITH PHOENIX EARS OF LONGQUAN KILN, THE
SOUTHERN SONG DYNASTY

21 南宋龙泉窑鬲式炉 / 068
ROUND INCENSE BURNER OF LONGQUAN KILN, THE
SOUTHERN SONG DYNASTY

22 南宋龙泉窑双竹节耳三足炉 / 070
THREE FEET INCENSE BURNER WITH TWIN-BAMBOO-JOINT
EARS OF LONGQUAN KILN, THE SOUTHERN SONG DYNASTY

23 南宋龙泉窑出筋鬲式炉 / 072
ROUND INCENSE BURNER OF LONGQUAN KILN, THE
SOUTHERN SONG DYNASTY

24 南宋立耳鼎式炉 / 074
TRIPOD-SHAPED INCENSE BURNER WITH VERTICAL EARS, THE
SOUTHERN SONG DYNASTY

25 南宋龙泉窑弦纹筒式三足炉 / 076
CYLINDER INCENSE BURNER WITH THREE FEET AND BOW STRING
PATTERNS OF LONGQUAN KILN, THE SOUTHERN SONG DYNASTY

26 南宋龙泉窑狻猊钮盖大香炉 / 078
BIG COVERED INCENSE BURNER WITH AN IMAGINARY LION
KNOB OF LONGQUAN KILN, THE SOUTHERN SONG DYNASTY

27 宋龙泉窑刻花梅瓶 / 080
PLUM VASE WITH INCISED PATTERNS OF LONGQUAN KILN,
THE SONG DYNASTY

28 南宋龙泉窑蕉叶纹花觚 / 082
GOBLET WITH BANANA LEAF PATTERNS OF LONGQUAN KILN,
THE SOUTHERN SONG DYNASTY

29 南宋龙泉窑粉青釉白菜瓶 / 084
CHINESE-CABBAGE-SHAPED VASE IN LIGHT GREENISH BLUE
GLAZE OF LONGQUAN KILN, THE SOUTHERN SONG DYNASTY

30 南宋龙泉窑海棠口瓶 / 086
CRABAPPLE-MOUTH VASE OF LONGQUAN KILN, THE
SOUTHERN SONG DYNASTY

31 南宋龙泉窑粉青贯耳瓶 / 088
VASE WITH TWO LOOP HANDLES IN LIGHT GREENISH BLUE
GLAZE OF LONGQUAN KILN, THE SOUTHERN SONG DYNASTY

32 南宋龙泉窑板沿洗 / 089
WASHER OF LONGQUAN KILN, THE SOUTHERN SONG
DYNASTY

33 南宋龙泉窑粉青渣斗 / 090
REFUSE VESSEL IN LIGHT GREENISH BLUE GLAZE OF
LONGQUAN KILN, THE SOUTHERN SONG DYNASTY

34 南宋龙泉窑荸荠瓶 / 092
WATER-CHESTNUT-SHAPED VASE OF LONGQUAN KILN, THE
SOUTHERN SONG DYNASTY

35 南宋龙泉窑纸槌瓶 / 094
PAPER-MALLET VASE OF LONGQUAN KILN, THE SOUTHERN
SONG DYNASTY

36 南宋龙泉窑纸槌瓶（一对）/ 096
PAPER-MALLET VASES OF LONGQUAN KILN, THE SOUTHERN
SONG DYNASTY (A PAIR)

37 南宋龙泉窑莲瓣碗 / 098
LOTUS-PETAL-SHAPED BOWL OF LONGQUAN KILN, THE
SOUTHERN SONG DYNASTY

38 南宋龙泉窑莲瓣纹敦式碗（一对）/ 100
MOUND-SHAPED BOWLS WITH LOTUS-PETAL PATTERNS OF
LONGQUAN KILN, THE SOUTHERN SONG DYNASTY (A PAIR)

39 南宋龙泉窑束口双鱼盏（五件）/ 102
CONTRACTED MOUTH BOWLS WITH TWIN FISH DESIGNS OF
LONGQUAN KILN, THE SOUTHERN SONG DYNASTY (FIVE PIECES)

40 南宋龙泉窑双鱼洗 / 104
WASHER WITH TWIN FISH PATTERNS OF LONGQUAN KILN,
THE SOUTHERN SONG DYNASTY

41 南宋龙泉窑青黄釉双鱼盘 / 106
PLATE WITH TWIN FISH DESIGNS IN GREENISH YELLOW
GLAZE OF LONGQUAN KILN, THE SOUTHERN SONG DYNASTY

42 南宋龙泉窑葵花盏 / 108
SUNFLOWER-SHAPED SAUCER OF LONGQUAN KILN, THE
SOUTHERN SONG DYNASTY

43 南宋龙泉窑青瓷屈卮 / 110
CELADON WINE VESSEL OF LONGQUAN KILN, THE SOUTHERN
SONG DYNASTY

44 南宋龙泉窑刻花洗 / 112
WASHER WITH INCISED PATTERNS OF LONGQUAN KILN, THE
SOUTHERN SONG DYNASTY

45 南宋龙泉窑双鱼洗 / 114
WASHER WITH TWIN FISH PATTERNS OF LONGQUAN KILN,
THE SOUTHERN SONG DYNASTY

46 南宋龙泉窑青黄釉大贯耳瓶 / 116
VASE WITH BIG LOOP HANDLES IN GREENISH YELLOW GLAZE
OF LONGQUAN KILN, THE SOUTHERN SONG DYNASTY

47 南宋龙泉窑弦纹盉口长颈瓶 / 118
LONG NECK VASE WITH BROAD MOUTH AND BOW STRING
PATTERNS OF LONGQUAN KILN, THE SOUTHERN SONG DYNASTY

48 南宋龙泉窑琮式瓶 / 120
CONG-TYPE VASE OF LONGQUAN KILN, THE SOUTHERN SONG
DYNASTY

49 南宋龙泉窑大荷叶盖罐 / 122
BIG LOTUS-LEAF-SHAPED COVERED JAR OF LONGQUAN KILN,
THE SOUTHERN SONG DYNASTY

50 元出棱荷叶罐 / 124
LOTUS-LEAF-SHAPED JAR OF THE YUAN DYNASTY

51 元龙泉窑大净瓶（一对）/ 126
BIG HOLY VASES OF LONGQUAN KILN, THE YUAN DYNASTY (A PAIR)

52 宋元龙泉窑鱼虬衔环耳瓶 / 128
VASE WITH AN IMAGINARY BEAST HOLDING A LOOP EAR
OF LONGQUAN KILN AT THE TURN OF THE SONG AND YUAN
DYNASTIES

53 宋元龙泉窑鱼虬衔环耳瓶 / 130
VASE WITH AN IMAGINARY BEAST HOLDING A LOOP EAR
OF LONGQUAN KILN AT THE TURN OF THE SONG AND YUAN
DYNASTIES

54 元龙泉窑仿木盆洗 / 132
WOODEN-BASIN-STYLED WASHER OF LONGQUAN KILN, THE
YUAN DYNASTY 132

55 元龙泉窑南瓜形壶 / 134
PUMPKIN-SHAPED POT OF LONGQUAN KILN, THE YUAN
DYNASTY

56 宋末元初龙泉窑玉壶春瓶 / 136
PEAR-SHAPED VASE OF LONGQUAN KILN AT THE TURN OF
THE SONG AND YUAN DYNASTIES

57 元龙泉窑玉壶春瓶 / 138
PEAR-SHAPED VASE OF LONGQUAN KILN, THE YUAN
DYNASTY

58 元龙泉窑船型砚滴 / 140
BOAT-SHAPED WATER DROPPER OF LONGQUAN KILN, THE
YUAN DYNASTY

59 元龙泉窑船型砚滴 / 142
BOAT-SHAPED WATER DROPPER OF LONGQUAN KILN, THE
YUAN DYNASTY

60 元龙泉窑连佛龛观音坐像 / 144
SEATED STATUE OF AVALOKITESVARA WITH NICHE FOR
BUDDHA OF LONGQUAN KILN, THE YUAN DYNASTY

61 元龙泉窑葫芦瓶 / 148
GOURD-SHAPED VASE OF LONGQUAN KILN, THE YUAN
DYNASTY

62 元龙泉窑葫芦瓶 / 150
GOURD-SHAPED VASE OF LONGQUAN KILN, THE YUAN
DYNASTY

63 元龙泉窑蒜头口瓶 / 152
VASE WITH GARLIC HEAD MOUTH OF LONGQUAN KILN, THE
YUAN DYNASTY 152

64 元龙泉窑凤尾尊 / 154
PHOENIX-TAIL-SHAPED WINE VESSEL OF LONGQUAN KILN,
THE YUAN DYNASTY

65 元龙泉窑出戟花觚 / 156
GOBLET OF LONGQUAN KILN, THE YUAN DYNASTY

66 龙泉窑青瓷庙宇 / 158
CELADON TEMPLE MODEL OF LONGQUAN KILN

67 元龙泉窑模印龙纹大盘 / 160
BIG PLATE WITH STAMPED DRAGON PATTERNS OF LONGQUAN
KILN, THE YUAN DYNASTY

68 元龙泉窑刻双鱼纹大盘 / 162
BIG PLATE WITH INCISED FISH PATTERNS OF LONGQUAN
KILN, THE YUAN DYNASTY

69 元龙泉窑刻印花敛口洗 / 164
WASHER WITH CONTRACTED MOUTH AND INCISED PATTERNS
OF LONGQUAN KILN, THE YUAN DYNASTY

70 元明龙泉窑刻花大盘 / 166
BIG PLATE WITH INCISED PATTERNS OF LONGQUAN KILN AT
THE TURN OF THE YUAN AND MING DYNASTIES

71 元明篦划水波纹大海碗 / 168
BIG BOWL WITH WAVE PATTERNS AT THE TURN OF THE YUAN
AND MING DYNASTIES

72 明龙泉窑荷叶盘烛台 / 170
LOTUS-LEAF-PLATE-SHAPED CANDLE STAND OF LONGQUAN
KILN, THE MING DYNASTY

73 明刻山水纹菱口大碗 / 172
BIG BOWL WITH WATER CHESTNUT MOUTH AND INCISED
LANDSCAPE PATTERNS, THE MING DYNASTY

74 明龙泉窑刻花墩式碗 / 174
MOUND-SHAPED BOWL WITH INCISED PATTERNS OF
LONGQUAN KILN, THE MING DYNASTY

75 明龙泉窑折枝花果纹碗 / 176
BOWL WITH PLUCKED FLOWER AND FRUIT PATTERNS OF
LONGQUAN KILN, THE MING DYNASTY

76 明龙泉窑凤尾尊 / 178
PHOENIX-TAIL-SHAPED WINE VESSEL OF LONGQUAN KILN,
THE MING DYNASTY

77 明龙泉窑胆瓶 / 180
GOURD-SHAPED VASE OF LONGQUAN KILN, THE MING
DYNASTY

78 明龙泉窑刻锦纹大盘 / 182
BIG PLATE WITH INCISED BROCADE PATTERNS OF LONGQUAN
KILN, THE MING DYNASTY

79 明鱼虬衔环耳玉壶春瓶 / 184
PEAR-SHAPED VASE WITH AN IMAGINARY BEAST HOLDING A
LOOP EAR OF LONGQUAN KILN, THE MING DYNASTY

80 明衔环双耳刻缠枝莲纹瓶（一对）/ 186
VASES WITH INCISED INTERLOCKING LOTUS PATTERNS AND
LOOP EARS, THE MING DYNASTY (A PAIR)

81 明龙泉窑八卦纹三足洗式炉 / 188
THREE FEET WASHER-SHAPED INCENSE BURNER WITH
EIGHT DIAGRAM PATTERNS OF LONGQUAN KILN, THE MING
DYNASTY

82 宋青白釉带温碗酒注 / 190
WINE JAR WITH WARMING BOWL IN BLUISH WHITE GLAZE,
THE SONG DYNASTY

83 宋青白釉瓜棱长颈执壶 / 194
MELON RIDGE EWER WITH A LONG NECK IN BLUISH WHITE
GLAZE, THE SONG DYNASTY

84 宋青白釉瓜棱带盖注子 / 196
COVERED MELON RIDGE WATER DROPPER, THE SONG
DYNASTY

85 宋青白釉卍字孔香炉 / 198
INCENSE BURNER WITH SWASTIKA HOLES IN BLUISH WHITE
GLAZE, THE SONG DYNASTY

86 宋青白釉人首纹博山炉 / 200
BOSHAN INCENSE BURNER WITH HUMAN HEAD PATTERNS IN
BLUISH WHITE GLAZE, THE SONG DYNASTY

87 宋青白釉博山炉 / 202
BOSHAN INCENSE BURNER IN BLUISH WHITE GLAZE, THE
SONG DYNASTY

88 宋青白釉回文锦夔龙纹鼎式炉 / 204
TRIPOD-SHAPED INCENSE BURNER WITH RECTANGULAR
SPIRAL AND IMAGINARY DRAGON PATTERNS IN BLUISH
WHITE GLAZE, THE SONG DYNASTY

89 宋青白釉三象腿炉 / 206
INCENSE BURNER WITH THREE ELEPHANT FEET IN BLUISH
WHITE GLAZE, THE SONG DYNASTY

90 宋青白釉刻荷花纹碗 / 208
BOWL WITH INCISED LOTUS PATTERNS IN BLUISH WHITE
GLAZE, THE SONG DYNASTY

91 宋青白釉刻划花斗笠碗（一对）/ 210
BAMBOO-HAT-SHAPED BOWLS WITH INCISED PATTERNS IN
BLUISH WHITE GLAZE, THE SONG DYNASTY (A PAIR)

92 宋青白瓷莲瓣纹深腹碗 / 212
DEEP BELLY PORCELAIN BOWL WITH LOTUS-PETAL PATTERNS
IN BLUISH WHITE GLAZE, THE SONG DYNASTY

93 宋青白釉刻划云龙纹碗 / 214
BOWL WITH INCISED PATTERNS OF DRAGON AMONG CLOUDS
IN BLUISH WHITE GLAZE, THE SONG DYNASTY

94 宋青白瓷三事子母盒 / 216
PORCELAIN SET BOXES IN BLUISH WHITE GLAZE, THE SONG
DYNASTY

95 宋青白釉刻花梅瓶 / 218
PLUM VASE WITH INCISED PATTERNS IN BLUISH WHITE
GLAZE, THE SONG DYNASTY

96 宋青白釉观音坐像 / 220
SEATED STATUE OF AVALOKITESVARA IN BLUISH WHITE
GLAZE, THE SONG DYNASTY

97 宋青白釉褐彩何仙姑像 / 222
BROWN COLOR STATUE OF IMMORTAL WOMAN HE IN BLUISH
WHITE GLAZE, THE SONG DYNASTY

98 宋青白釉何仙姑像 / 224
STATUE OF IMMORTAL WOMAN HE IN BLUISH WHITE GLAZE,
THE SONG DYNASTY

99 南宋青白釉带座弥勒佛像 / 228
STATUE OF MAITREYA WITH A PEDESTAL IN BLUISH WHITE
GLAZE, THE SOUTHERN SONG DYNASTY

100 高丽青瓷刻花大梅瓶 / 232
BIG KOREAN CELADON PLUM VASE WITH INCISED PATTERNS

青韵

图版

## 01 战国原始青瓷双活环耳罐

高29.5、口径21.4、腹径42厘米

*PROTO-CELADON JAR WITH TWO MOVABLE RING EARS, THE WARRING STATES PERIOD*
*HEIGHT: 29.5  MOUTH DIAMETER: 21.4CM*

直口，丰肩，肩部饰一周直棱纹，并对称饰铺兽衔活环。腹部往下渐收，下腹部再饰一圈直棱纹。平底置三个圆台状足。器物施青黄色釉，近底边和底部、足部无釉。整体施釉均匀，釉面和大多数战国原始青瓷一样为暴汗釉状。

原始青瓷可谓是青瓷的祖宗，由于年代久远，保存极为不易。该器形制硕大，制作规整，且完整无损，实属罕见。施釉虽没有成熟青瓷那么平整，但在原始青瓷中已属上乘，代表了原始青瓷的制作水平。

## 02 唐越窑刻水仙花大执壶

高30.5、口径9.5、足径12.6厘米

*BIG EWER WITH INCISED DAFFODIL PATTERNS OF THE YUE KILN, THE TANG DYNASTY*
*HEIGHT: 30.5  MOUTH DIAMETER: 9.5CM*

撇口，短颈，丰肚，颈肩转折处置一多棱的短壶嘴，置嘴处刻一朵水仙花。对称的另一边置壶的执柄，柄的下端腹部刻一片莲叶。浅圈足，底部有许多细窑裂。通体施青釉，釉质匀净润洁。

短嘴执壶为中晚唐的流行样式，但尺寸都没有此壶硕大。烧制陶瓷器，每增加一寸体量，就会增加十分难度，每一件大器烧成都是制瓷技艺高超的体现。此壶嘴部和柄部的花叶装饰具有点睛之妙，为雄武的体态增添了活泼的意趣。

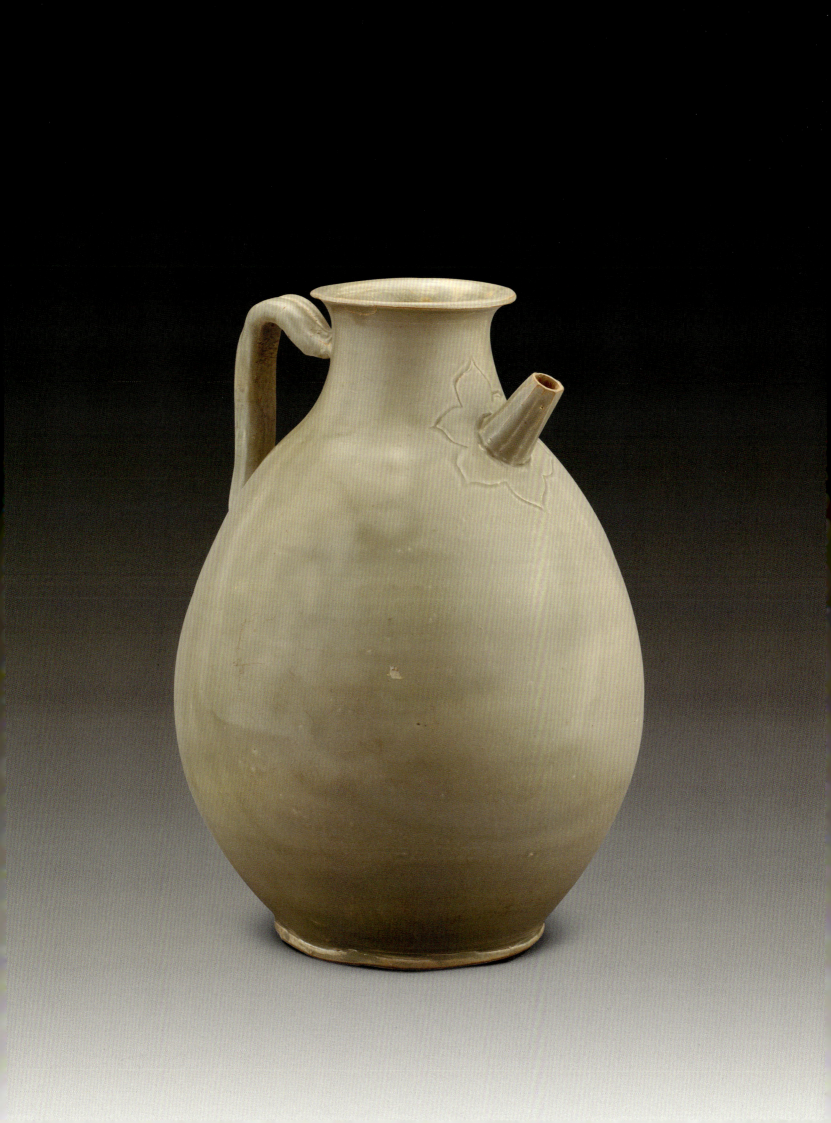

## 03  唐刻划花荷叶碗

高7.2、口径26.4、足径11.5厘米

*LOTUS-LEAF-SHAPED BOWL WITH INCISED FLOWERS, THE TANG DYNASTY*
*HEIGHT: 7.2  MOUTH DIAMETER: 26.4CM*

口外翻，刻四出花口。腹微弧，内刻划荷叶纹，外压印四道和花口对应的凹痕。圈足，足端有十个泥点支烧痕。除足端外通体施青黄釉，釉质匀净，有土沁痕。该碗口径较大，刻划精美，为唐代越窑精品。

越窑发展到晚唐，恰逢天时地利，有着最适宜的瓷土和釉料。窑工们经过长期实践，利用微生烧技术，克服了以往的流釉和开片现象，烧制出了闻名遐迩的"秘色瓷"，独领瓷业之风骚。这类偏黄的青釉瓷，坊间称为"黄秘色"，在晚唐的秘色瓷中占有相当大的比例，法门寺地宫文物中的"嵌螺钿漆平托秘色瓷碗"就是这类青黄釉。

## 04　唐越窑双系瓜棱罐

高9.5、口径5.5、足径5厘米

*MELON-RIDGE JAR WITH TWO EARS OF THE YUE KILN, THE TANG DYNASTY*
*HEIGHT: 9.5  MOUTH DIAMETER: 5.5CM*

撇口，短颈，肩部对称置两圆泥条系，弧腹，腹部压印五道凹痕表示瓜棱。平底，边缘刮去青釉便于支烧，有六个支烧痕。通体施青黄釉，釉质平整肥润。罐子小器大样，制作精细，为晚唐越窑精品。

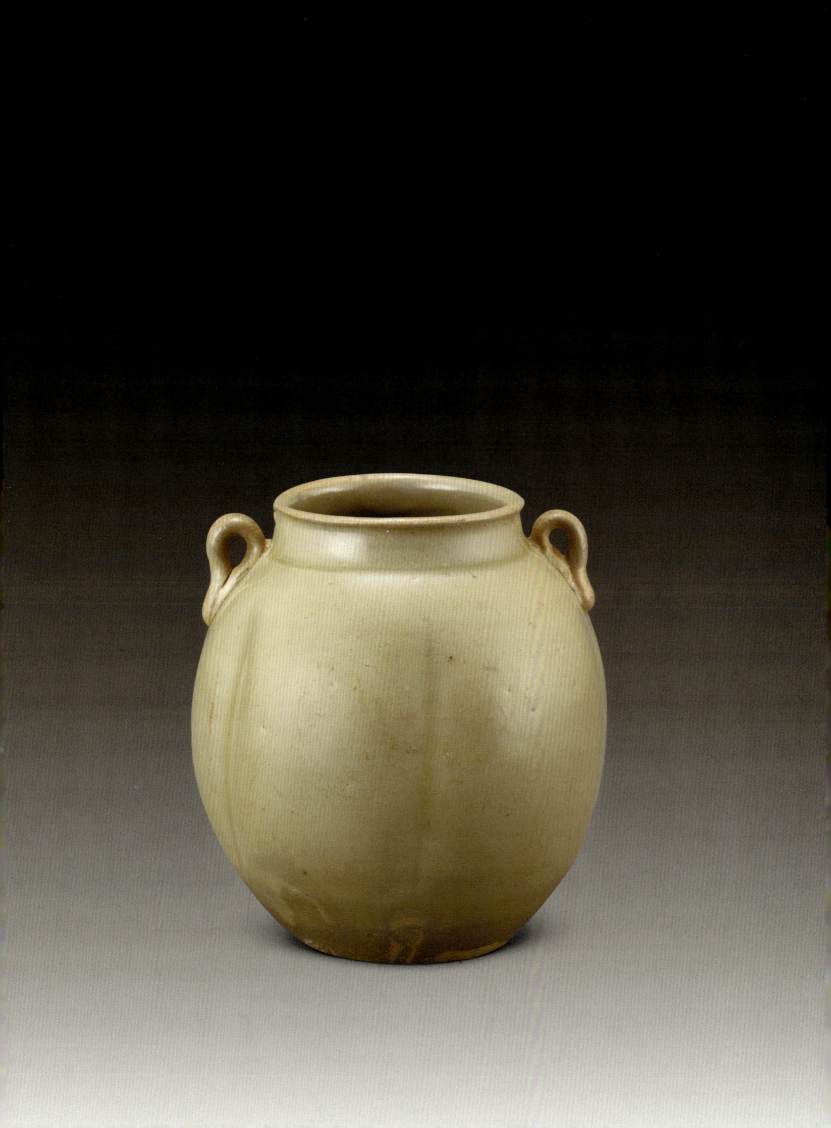

**05　唐越窑十曲花口碟**

高3.2、口径14.2厘米

*ORNAMENTED MOUTH SAUCER OF THE YUE KILN, THE TANG DYNASTY*
*HEIGHT: 3.2　MOUTH DIAMETER: 14.2CM*

十曲花口，斜壁，外壁有五道压印痕。平底，中区微拱，边缘有些部分刮去釉便于泥点支烧。通体施青黄色釉，釉质匀净。此种平底泥点支烧法与法门寺地宫出土的秘色瓷碗的装烧方法如出一辙，釉质也非常相似，应该都是晚唐越窑的秘色瓷。

## 06 五代越窑摩羯鱼纹大碗

高8.5、口径29、足径12.3厘米

*BIG BOWL WITH FISH-DRAGON PATTERNS OF THE YUE KILN, THE FIVE DYNASTIES' PERIOD*
*HEIGHT: 8.5  MOUTH DIAMETER: 29CM*

直口，弧腹，内壁三组纹饰：口沿一圈划卷草纹；碗壁划缠枝牡丹纹；底部浅浮雕
上下翻腾的双摩羯鱼，鱼头也上下相对，中间有一颗火珠。浅圈足，足壁也较薄。
底部有八个细条状的支烧痕。碗通体施淡青色釉，外壁釉有明显的泪痕，底部因没
有在支烧部位刮去釉汁，留下了被釉粘住的支烧残渣。

摩羯鱼是随着佛教从印度传入中国的，因《洛阳迦蓝记》记载有如来作摩羯大鱼，从
河而出，以肉济人达十二年之久的缘故，唐代常以此装饰在金银、陶瓷等器物上，彰
显如来的恩惠和保护。另外卷草纹和缠枝纹也是受外来文化影响的装饰纹样，反映了
唐代中外文化交流的盛况。此碗纹饰之精美，形制之孔硕，为越瓷之仅见。

## 07 北宋越窑瓜棱酒注

高21、口径3.8、足径8.3厘米

*MELON-RIDGE WINE JAR OF THE YUE KILN, THE NORTHERN SONG DYNASTY*
*HEIGHT: 21  MOUTH DIAMETER: 3.8CM*

唇口，筒状颈，往下微外撇。丰肩鼓腹，肩部刻一圈凸棱，从凸棱开始往足部饰六道双棱线以示瓜状。肩颈处置一执柄，柄最高处超过口部，下端连接腹部。腹部与柄对称的另一边置一鹅颈状的流。宽圈足外撇，足端无釉。盖子下半部为筒状，有两个便于系绳的小孔；上半部和盖钮形成葫芦状，盖内无釉。釉为青灰色，盖面侵蚀严重。

壶形为辽宋时期常见款式，有些没有双棱线，细划人物、花卉等纹饰；有些将棱线间面修成平面，类似六面壶。根据文物考古出土情况看，这些壶是实用酒壶，配套有一个大的温碗，反映了当时喝温酒的风尚。一套完整的酒具包括酒壶、温碗、酒盏、酒台子等。

## 08 越窑双系八棱叶纹梅瓶

高31、口径5.8、足径9.2厘米

*OCTAGONAL PLUM VASE WITH LEAF PATTERNS AND TWO EARS OF THE YUE KILN*
*HEIGHT: 31 MOUTH DIAMETER: 5.8CM*

撇口，口沿平切，再斜修一刀。直筒状颈，颈肩转折处相对置两小系。丰肩，肩部有两道微凸的弦纹，小系圈落在里道弦纹内，系尾落在里道和外道之间。貌似弦纹不仅是为了装饰，还有为装饰定位的作用。鼓腹往下渐收至足部，腹部饰八条凸棱，每条凸棱上划两道阴线以加强凸棱的视觉效果，棱间的面上满划蕉叶纹。浅圈足，足端无釉，有七个支烧痕。梅瓶满施青黄釉，施釉均匀，下半部偶有聚釉和开细小片纹。

浙江省博物馆藏有样式与其相似的北宋龙泉窑梅瓶，只是装饰上有些许区别：颈略长；肩部弦纹杂以细阴线；凸棱以一道粗阴线刻出，好似两道凸棱一般；腹部划花集中于上腹部等。但仍然明显地显示了越窑制瓷艺术的影响。

## 09 北宋越窑划花婴戏纹盒

高5.5、口径14、足径10.2厘米

*BOX WITH INCISED KID PLAYING PATTERNS OF THE YUE KILN, THE NORTHERN SONG DYNASTY*
*HEIGHT: 5.5 MOUTH DIAMETER: 14CM*

盒身有子口，直壁，外壁划一圈忍冬纹。折腹斜收至足，宽圈足外撇，底部有六个泥条支烧痕。盖面平而微弧，划莲花化生童子。斜边，直口，均划忍冬纹一周。除子口的外侧、底部支烧点、盖的口沿不施釉或刮去釉外，均施青灰色釉，施釉平整，釉面被侵蚀。

盒子的主题纹饰化生童子源于佛教，佛教宣扬生命有四生："一曰胎生，二曰卵生，三曰湿生，四曰化生。"化生是指无所依托，借业力而出现者。佛教"净土三经"中宣扬，只要闻听佛经佛法，口诵阿弥陀佛，心想西方净土的人，其寿命终时，阿弥陀佛和八大菩萨就会接引他往生西天极乐净土。他的生命会在西方净土世界的七宝池、八功德水中育化后，从莲花中化生出世。敦煌壁画就有在含苞或刚开的莲花中画一些或坐或立的童子。盒子三个童子姿态各异，从无根而生的莲花中化生，明显地分裂二个等级，是佛教"三等九级"化生出世观念的反映。

## 10　宋耀州窑飞天纹斗笠碗

高6.3、口径16、足径4.8厘米

*BAMBOO-HAT-SHAPED BOWL WITH FLYING FAIRY PATTERNS OF THE YAOZHOU KILN,*
*THE SONG DYNASTY*
*HEIGHT: 6.3　MOUTH DIAMETER: 16CM*

撇口，斜腹，圈足，形似斗笠。腹内模印一对飞天在菩提树叶间穿梭，飞天面容丰满，双手交叉，左手纤指拈花，衣袂飞扬。外壁刻折扇纹。除圈足外通体施青黄釉，底部刷薄釉浆。

该碗形制为耀州窑常见器形，但生动的飞天形象在宋瓷中非常少见。宋代是一个讲究标准的时代，《营造法式》就是为规范建筑标准而刊印的。比如装饰的飞天形象有多种，但略显呆板，无法与此飞天形象相比拟。

**11 金耀州窑月白釉深腹碗**

高9.8、口径15、足径7.7厘米

*DEEP BELLY BOWL IN MOON WHITE GLAZE OF THE YAOZHOU KILN, THE JIN DYNASTY*
*HEIGHT: 9.8 MOUTH DIAMETER: 15CM*

口微内敛，深腹，腹壁较直。圈足，微外撇，足端无釉。碗内外施月白釉，釉质肥厚匀净。

金代的耀州窑月白釉的器物无论瓷釉质量还是制作工艺都比较上乘，可能是受到汝官窑影响，釉的配方和色泽在耀州窑中独树一帜，反映了耀州窑瓷器生产品种上的多样性。

## 12　宋汝窑青绿釉花口碗

高3.7、口径14.8、足径6.9厘米

*ORNAMENTED MOUTH BOWL IN BLUISH GREEN GLAZE OF RUYAO KILN, THE SONG DYNASTY*
*HEIGHT: 3.7　MOUTH DIAMETER: 14.8CM*

五曲葵口，斜壁，浅圈足，足端无釉，有三个泥点支烧痕。满施青绿色釉，釉质匀净，釉面多处受侵蚀，从没有侵蚀的部位看瓷釉略显清亮。该碗造型有五代遗风，釉面也略显薄亮，且足端有细小的支烧痕，推测为汝官窑早期产品。宋汝窑花口碗流传至今而完整无缺，实属难得。

## 13　宋汝官窑花瓣形盏托

高6、口径9、盘径17、足径8厘米

*FLOWER-PETAL-SHAPED SAUCER OF IMPERIAL RUYAO KILN, THE SONG DYNASTY*
*HEIGHT: 6　MOUTH DIAMETER: 9CM*

盏托上部敛口，深弧腹，似深腹碗。中间的盘为五瓣葵花形，每一瓣花片都以薄翼雕法刻出花瓣轮廓线，外缘随花瓣刻出五出花口和花瓣的内弧线。下部高足外撇，足端"芝麻细小挣钉"的支烧痕。全器满施淡天青色釉，施釉平整，手感滑润，局部开浅淡的细小片纹。

如果说唐代宫廷尚酒，那么宋代宫廷盛行吃茶，连徽宗皇帝也不吝笔墨写下著名的《大观茶论》，与此相关的茶器自然是不惜工本地讲究精美雅致。汝官窑为了保证产品合规制，许多器物都是"澄泥为范"的，再经人工修坯、打磨，以便施釉牢固平整。汝官窑的釉仍然是石灰釉，成品釉面极易流淌和显现玻璃光泽。为烧出如玉的质感和柔雅的青色，汝窑采用了越窑秘色瓷的微生烧技术，使得成品瓷器眼观、手抚都如玉器般的滑润，色泽柔雅，令人回味无穷。汝官窑烧造时间短，产量低，每窑只能烧十件左右，因此遗存的器物不多。类似的完整器仅见于英国伦敦大学大维德基金会藏有一件。有意思的是日本大阪市立东洋陶瓷美术馆藏有一件"高丽青瓷花形盏托"，完全模仿该件汝官窑盏托，只是釉色过亮，缺乏玉感。花瓣以细阴刻线划出，没有汝官器浅浮雕的生动感。

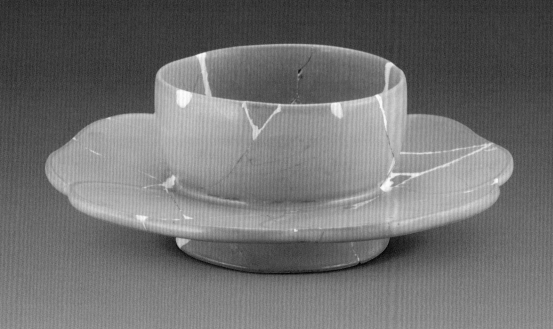

## 14　宋汝官窑圆形套盘

高7.6、口径16.4、足径18.5厘米

*ONE OF A SET OF ROUND PLATES OF IMPERIAL RUYAO KILN, THE SONG DYNASTY*
*HEIGHT: 7.6  MOUTH DIAMETER: 16.4CM*

此为套盘中的一节，圆形，面为浅盘状，边为子口，便于盘多节叠放，身为筒状，中空。足端无釉，便于垫烧和叠放。满施天青色釉，釉质润洁匀净，开深浅不一的片纹。

根据法门寺地宫石碑记载，供奉在法门寺的这种造型的金银器被称为"波罗子"，也是圆形，因为金银器较轻薄，底部焊有十字形格架。波罗子最早出现在越窑，杭州临安五代十国天福四年马氏皇后墓和玉皇山五代天福七年钱元瓘墓均出土过方形委角的波罗子。汝窑清凉寺窑址出土过很多标本，均为方形委角。韩国高丽青瓷也有摹仿汝窑方形委角的波罗子。这种圆形的、仿金银器的波罗子反而比较少见，从出土序列看似乎方形委角的套盘时代要早一些，因为杭州老虎洞窑出土的套盘大多是圆形的，南宋官窑和汝官窑在工艺上的承继关系是显而易见的。

## 15 宋青釉斗笠碗

高16.5、口径5.3、足径7.3厘米

*BAMBOO-HAT-SHAPED BOWL IN BLUE GLAZE, THE SONG DYNASTY*
*HEIGHT: 16.5 MOUTH DIAMETER: 5.3CM*

直口，斜壁，小足，因形似斗笠故名。除足端外均施青绿釉，釉质匀净肥润。该碗貌似龙泉窑青瓷，但胎骨灰白，不如龙泉窑的坚致，釉色青绿带灰蓝，显现出北方青瓷的胎釉特征，似为临汝窑或民汝青瓷。

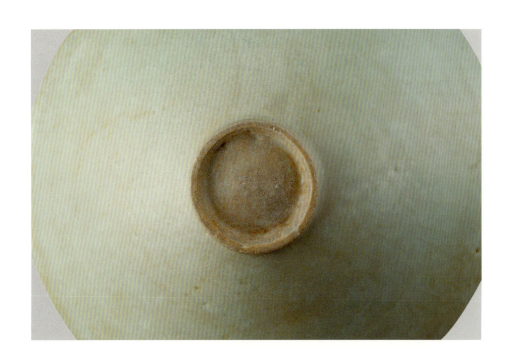

## 16　北宋龙泉窑高浮雕莲纹五管瓶

高43、口径8.6、足径9.6厘米

*FIVE-TUBE POT WITH HIGH RELIEF LOTUS PATTERNS OF LONGQUAN KILN, THE NORTHERN SONG DYNASTY*
*HEIGHT: 43 MOUTH DIAMETER: 8.6CM*

高直口，丰肩，肩部减地法刻两道凸起的弦纹，第二道弦纹的位置塑五根多棱花口管。腹部满饰减地浮雕重瓣仰莲纹。底内凹形成假圈足，足端六个泥点支烧痕。盖为套筒式，直接套于高直口上。盖外壁高浮雕覆莲纹，钮为一朵盛开的荷花托着一只莲纹宝瓶。器物除瓶底和盖内的支烧点外，满施淡青色釉，釉质滋润清亮。为同类器物之佼佼者。

五管或多管装饰的盖瓶流行于北宋龙泉窑，主要用于丧葬。这类淡青色石灰釉瓷器一般都认为是北宋早中期的产品，无论是釉质还是工艺，都明显地受到越窑、瓯窑、婺州窑乃至北方瓷窑的影响，尚没有形成龙泉窑自己的面貌。

## 17　北宋龙泉窑堆龙盖瓶

高38.5、口径11.2、足径9.2厘米

*COVERED POT WITH PASTED DRAGON PATTERNS OF LONGQUAN KILN, THE NORTHERN SONG DYNASTY*
*HEIGHT: 38.5　MOUTH DIAMETER: 11.2CM*

盘口，长颈，丰肩，腹向下渐收，圈足。足端有泥点支烧痕。盘口和颈部饰多道凸出的弦纹，颈与肩的交接处塑有一对称的小系。腹部以双凸的棱线分别左右，左右腹所饰龙纹别具特色，爪和翼为刻划手法，龙身用浮雕法，身躯肥大，龙首和颈用堆塑法，龙首都架在小系上。盖为四瓣荷花状，下有子口，钮为一蹲兽。器物除足端和盖内的支烧痕外，满施淡青色石灰釉。

该龙瓶与前一件五管瓶实为一对，五管瓶有"五谷仓柜"之意，龙泉博物馆藏有盖内墨书"张氏五娘五谷仓柜上应天宫下应地中荫子益孙长命富贵"的五管瓶，说明五管瓶不仅是为了地下之人，更是为了保佑地上之人年年五谷丰登庆升平，长命富贵。龙瓶的应龙和钮上的瑞兽具有镇邪的作用，可保地下之人不受恶鬼游魂的侵扰。这种陪葬的对瓶发展到南宋早期成为龙虎对瓶，遂昌县文物管理委员会藏有一对南宋粉青厚釉的龙虎瓶，龙瓶上还保留着五管装饰。

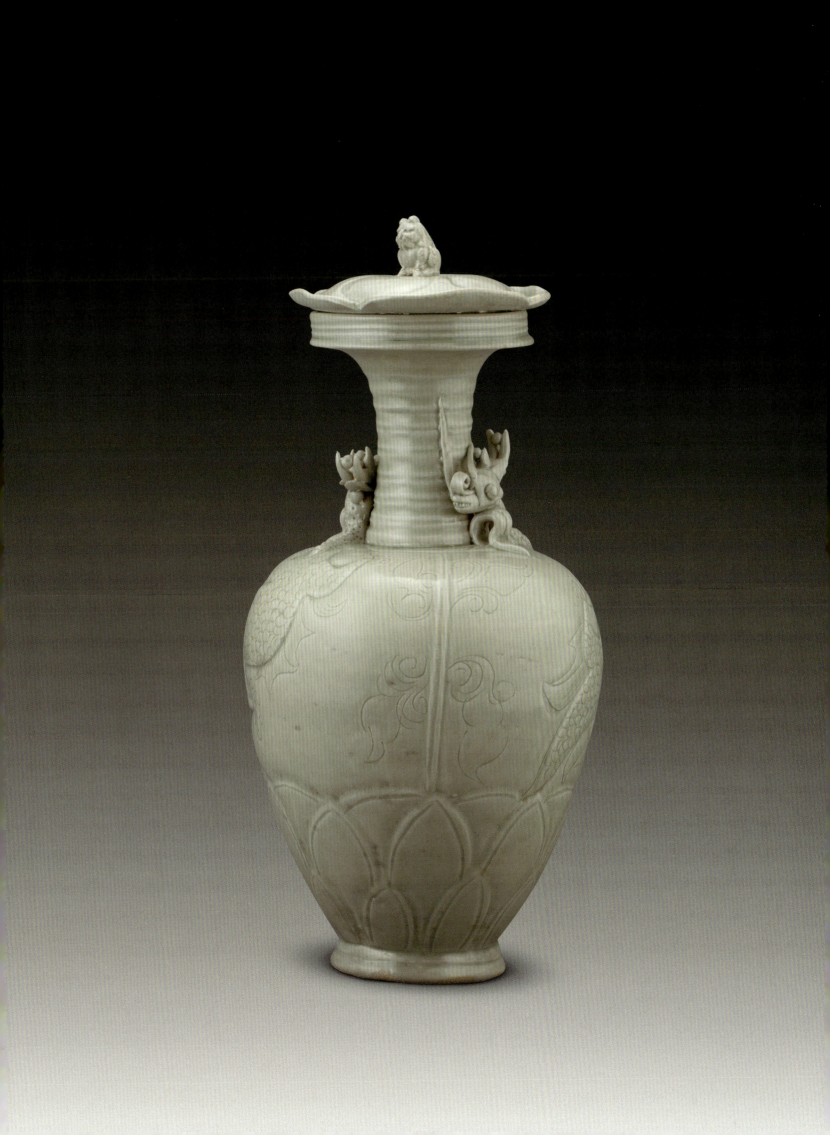

## 18　北宋龙泉窑褐彩铭文五管瓶

高35.7、口径7.2、足径12.2厘米

*FIVE-TUBE BROWN COLOR VASE WITH INSCRIPTIONS, LONGQUAN KILN, THE NORTHERN SONG DYNASTY*
*HEIGHT: 35.7　MOUTH DIAMETER: 7.2CM*

八字口，肩与上腹部分为四节，最上节褐彩书"外生叶三郎烧窑留记"。第二节为常说的"折扇纹"，但此处的装饰效果更像菊花。花纹上塑五根多棱花口管。第三节为仰莲纹，莲花瓣的边缘都用褐彩勾边。第四节复为折扇纹。瓶的最大腹径在下腹部，褐彩书"癸卯次十月日陈十二郎夫妻二命五谷米仓富贵长寿益子孙"。盖的子口与前一件一样是套在瓶口外的，盖面饰浅浮雕覆莲，钮为仰莲托瓶。整器施青灰色釉，底部刮釉露胎，能看到明显的刮痕和遗留的釉斑。

该器整体风格为北宋，褐彩铭文中的"癸卯"在北宋时期有三个，分别是咸平六年（1003年）、嘉祐八年（1063年）和宣和五年（1123年）。从器形的重心下移和多节装饰看，应该是后两个"癸卯"。然而青灰釉色的器物大多时代靠前，那么嘉祐八年最有可能是器物的生产年代。

## 19　北宋龙泉窑广口无执壶

通高8、口径11.7、底径5.8厘米

*FLARED-MOUTH EWER WITHOUT HANDLES OF LONGQUAN KILN, THE NORTHERN SONG DYNASTY*
*HEIGHT: 8　MOUTH DIAMETER: 11.7CM*

与常见的壶不同，该壶口径非常大，接近腹径。肩部硬折，短小的壶嘴置于肩部，流口与壶口齐平。腹部刻宽莲瓣纹。小平底无釉。盖面平坦，刻划两朵牡丹花。盖外缘与壶口齐平，直子口可插于壶口内而不易滑动。此壶施釉比较讲究，口沿及内边将釉整齐地刮去，底边的釉线也非常整齐，无流淌迹象。盖的子口端和接触壶口的边缘无釉，釉线规整。施翠青色釉，釉质匀净清亮，如此葱翠精美的釉质，应是北宋晚期龙泉窑瓷器的上上佳品。浙江省文物考古研究所近几年在龙泉系统调查中发现岙底地区有烧此类青瓷的窑址，郑建明先生在《北宋龙泉窑略论稿》中认为这类精致的青瓷很可能就是庄绰《鸡肋编》提及的"制样须索"的宫廷用瓷。

## 20 南宋龙泉窑凤耳瓶

高30、口径10.4、底径10厘米

*VASE WITH PHOENIX EARS OF LONGQUAN KILN, THE SOUTHERN SONG DYNASTY*
*HEIGHT: 30 MOUTH DIAMETER: 10.4CM*

洗口，长颈，颈中部偏下位置对称饰模制凤耳一对，斜肩硬折，往下略收的筒状腹，底内挖而成圈足。除足端外满施淡梅子青釉，釉质肥厚，釉面开细小片纹。

凤耳瓶、鱼耳瓶是龙泉窑特有的形制，主要出现在南宋和元朝，南宋的在釉色上、形制上略胜一筹。此件凤耳瓶即是南宋晚期龙泉窑青瓷的经典之作，较之1983年松阳县出土的那件南宋凤耳瓶，尺寸略大，但釉面开片，釉质逊于松阳县博物馆的凤耳瓶。

## 21 南宋龙泉窑鬲式炉

高11、口径14.2厘米

*ROUND INCENSE BURNER OF LONGQUAN KILN, THE SOUTHERN SONG DYNASTY*
*HEIGHT: 11　MOUTH DIAMETER: 14.2CM*

板沿口，直颈内束，扁腹，腹上部有一道凸出的弦纹。三足，腹部顺着足部有一条高凸的出筋，因此民间俗称"钢筋炉"。足端无釉，足部的气孔开在炉内三足的位置，与其说是孔，不如说是一个凹氹，以减少足部的泥量来防止开裂。除足跟外，满施青绿釉，釉质滋润清亮，开有稀疏的浅冰裂纹。

炉是宋代雅致生活的反映，主要用于焚香。宋瓷香炉按照南宋蒋祁《陶记》的记载有八种之多，"炉之别：曰狻，曰鼎，曰彝，曰鬲，曰朝天，曰象腿，曰香奁，曰桶子。"该炉形制近似商周时期的青铜鬲，应该就是《陶记》所说的"鬲炉"。炉的釉质清亮，与那种失透如玉的厚青釉在烧制上有着技术上的不同要求。足上的出气孔也与后来的在腿部扎孔有着工艺上的不同。据此，该炉的烧制年代要早于同类的龙泉窑瓷炉。

**22  南宋龙泉窑双竹节耳三足炉**

高5.8、口径6.6厘米

*THREE FEET INCENSE BURNER WITH TWIN-BAMBOO-JOINT EARS OF LONGQUAN KILN,*
*THE SOUTHERN SONG DYNASTY*
*HEIGHT: 5.8  MOUTH DIAMETER: 6.6CM*

侈口，束颈，颈部饰对称的竹节耳。鼓腹，内底釜形，外底平整无釉，为垫烧处。三个上部略大的管状足。施略深的粉青厚釉，施釉平整，一无开片，釉质滋润如玉。

按《陶记》的分类此炉应是"鼎炉"，竹节双耳透出文雅之气。器形虽小，但釉质莹润如玉，一无开片，符合宋人"无纹者尤好"的审美观和价值理念，反映了南宋龙泉窑工匠的卓越制瓷技艺。

高7、口径9.5厘米

*ROUND INCENSE BURNER OF LONGQUAN KILN, THE SOUTHERN SONG DYNASTY*
*HEIGHT: 7　MOUTH DIAMETER: 9.5CM*

板沿口，直颈内束，扁腹，腹肩间有一道修胎而成的凸筋。三足，腹部顺着足部有一条高凸的出筋，因此民间俗称"钢筋炉"。足端无釉，足部的气孔开在炉内三足的位置。除足跟外，满施灰青绿厚釉，釉质滋润肥厚，开有深浅不一的大片纹。

此炉应该也是《陶记》所说的"鬲炉"，但釉质和前文的鬲炉有着很大的区别，是较厚的石灰碱釉，由于窑温把控的恰当，釉面呈现出失透的玉质感，代表了南宋后期的龙泉窑制瓷水平。

## 24　南宋立耳鼎式炉

高8、口径8厘米

*TRIPOD-SHAPED INCENSE BURNER WITH VERTICAL EARS, THE SOUTHERN SONG DYNASTY*
*HEIGHT: 8　MOUTH DIAMETER: 8CM*

唇口，弧腹，内底釜形，外底平整无釉。口沿对称置扁条状立耳，腹下鼎立三个管状足。除足端和底部外满施青釉，青中略带灰蓝色，釉面开深浅不一的小片纹。这种朝天耳管足鼎炉的样式得意于宋《宣和博古图》，属于"鼎炉"类。而开片厚釉具有仿官的意蕴，更能增加其古朴典雅的韵味。

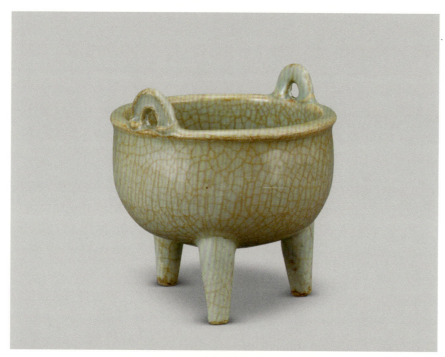

## 25　南宋龙泉窑弦纹筒式三足炉

高10.2、口径14.2、底圈足径7.3厘米

*CYLINDER INCENSE BURNER WITH THREE FEET AND BOW STRING PATTERNS OF*
*LONGQUAN KILN, THE SOUTHERN SONG DYNASTY*
*HEIGHT: 10.2　MOUTH DIAMETER: 14.2CM*

平沿口，口宽于器壁，平沿中间微凹。直筒状器身饰三组弦纹，每组三道。三个如
意云形足，底部有一支烧用的圈足。除足端整齐地刮去釉水，满施粉青釉，釉质肥
润匀净。这种形制的炉又称奁式炉、樽式炉，是宋代文人雅士抚琴时的焚香之具，
故也有称其为"琴炉"的。其三组弦纹极有讲究，《宣德彝器图谱》称其为"九元
三极炉"，书中说是"照唐天宝局铸九元三极炉款式"制造。因九道弦纹又被称为
"九思炉"，"九思"典出《论语·季氏》："君子有九思：视思明，听思聪，色
思温，貌思恭，言思忠，事思敬，疑思问，忿思难，见得思义。"谓反复地多方面
地思考。寓"九思"之意于案头雅器，有惕厉、自省之意。

## 26 南宋龙泉窑狻猊钮盖大香炉

通高28.5、口径16.5厘米

*BIG COVERED INCENSE BURNER WITH AN IMAGINARY LION KNOB OF LONGQUAN KILN,*
*THE SOUTHERN SONG DYNASTY*
*HEIGHT: 28.5  MOUTH DIAMETER: 16.5CM*

盘口，束颈，微扁的圆腹，左右对称的朝冠耳贴着口沿外撇，三个兽首足。底部有孔，孔的周边无釉，内有一块八边形的瓷片盖住孔洞。浅釜形盖，盖钮外缘又一圈刻划规整的出筋弦纹，与炉肩部类似的白色弦纹相呼应。盖钮为一伏兽，昂首张口，兽腹下盖面有一腰子形孔与炉内相通。盖边缘有一个椭圆形小孔，为便于空气流通而设。此兽应为龙生九子中的狻猊，因其形如狮，喜烟好坐，常被置于香炉之上。香炉的盘口内、底孔周边和盖口沿整齐的刮去釉汁，其余均施梅子青釉，釉质匀净肥润，釉面有极细的橘皮纹，与四川遂宁窖藏出土的荷叶盖罐釉面极似。

按南宋蒋祁《陶记》的分类，此件形制符合"猊"炉特征。宋徐兢《宣和奉使高丽图经》"兽炉"条说："子母兽炉，以银为之，刻镂制度精巧。大兽蹲踞，小兽作搏攫之形，返视张口，用以出香。"南宋周密《武林旧事》记载张俊进奉给宋高宗的礼物中就有"出香一对"。据此可知宋代文献中的"出香"就是此类靠盖钮上禽兽嘴部吐香的香炉。

类似款式香炉曾出水于韩国的新安海底沉船，只是器形要小得多，通高不超过20厘米，釉质也缺乏匀净润洁的美感。而该件香炉器形硕大，制作规整，釉质肥厚平整，为南宋晚期龙泉窑青瓷的代表作品。就目前所见龙泉窑资料而言，尚未见如此硕大精美的器物。

## 27 宋龙泉窑刻花梅瓶

高33.8、口径5.4、足径10厘米

*PLUM VASE WITH INCISED PATTERNS OF LONGQUAN KILN, THE SONG DYNASTY*
*HEIGHT: 33.8  MOUTH DIAMETER: 5.4CM*

唇口，直筒颈，丰肩，弧腹往下减收，内挖圈足。上腹部刻莲花，下腹至胫部刻重瓣仰莲纹，花瓣上划篦纹。底部无釉，底部边缘有垫圈的痕迹。其他施略深的粉青厚釉，釉质匀净润洁。釉面局部长条片纹据藏家说是收藏以后逐渐出现的。

1977年松阳县古市镇出土过一件鉴定为北宋的刻花梅瓶，造型、大小、装烧方法等都与此件非常相似，松阳梅瓶足端有釉斑，不宜放置垫饼，而底部有残留的窑具痕；该件梅瓶足端有釉，底部无釉，在底部边缘有垫圈的痕迹，应该都在底部垫烧的。他们的不同之处是主题纹饰和釉质。松阳梅瓶的主题纹饰是满填篦纹的缠枝莲，为北宋晚期流行的装饰方法，该件梅瓶为大朵盛开的莲花，与前文的"广口无执壶"相似。松阳梅瓶釉质是透明的青黄石灰釉，因此纹饰非常清晰。该件梅瓶釉层肥厚，近似石灰碱釉，釉色雅致隽永，纹饰隐约，釉质的精美正在取代纹饰成为被欣赏的主角。因此，该件梅瓶貌似南宋粉青釉青瓷，所有特征更接近于北宋末龙泉窑青瓷，并且是难得一见的"玉堂佳器"。

高19、口径13.5、足径8.2厘米

*GOBLET WITH BANANA LEAF PATTERNS OF LONGQUAN KILN, THE SOUTHERN SONG*
*DYNASTY*
*HEIGHT: 19  MOUTH DIAMETER: 13.5CM*

敞口，扁圆腹，胫外撇，圈足。颈部与胫部均饰出筋蕉叶纹，腹部四道竖条出筋，筋纹两边印四朵三角形如意云。除足端外满施梅子青釉。

觚为古代青铜酒器，也被用做祭祀礼器。宋室南渡后，由于祭祀礼器的严重匮乏，命官窑和龙泉窑烧制祭祀用礼器，杭州老虎洞官窑窑址出土的残器大多为礼器和陈设器，其中有多件拼对完整的觚。龙泉窑青瓷中的礼器应该是受官府委派而烧制的，当皇室所需基本满足以后，逐渐向民用高档陈设瓷发展，反映在器物上就是造型更适合摆放插花。如这件南宋晚期的觚与老虎洞瓷觚相比，中下部的把变成了扁圆腹，"身体"发胖了，便于摆放；且中空到底，可以插花陈设，成为雅致生活的用具。

## 29　南宋龙泉窑粉青釉白菜瓶

高16.8、口径6.6×4.2、足径7.7×5.7厘米

*CHINESE-CABBAGE-SHAPED VASE IN LIGHT GREENISH BLUE GLAZE OF LONGQUAN KILN,*
*THE SOUTHERN SONG DYNASTY*
*HEIGHT: 16.8 MOUTH DIAMETER: 6.6×4.2CM*

菱形花口，束颈，斜肩，悬胆腹，高八字足。底有隐约可见的模痕，为前后两片分模压制以后合为一体的。足端无釉，可见深黑灰色的胎骨。通体施粉青厚釉，釉质莹润如玉，极似官窑粉青釉。

因器身为瓜棱状，许多出版物都称这种形制为"瓜棱瓶"。但坊间因其瓶体略扁，更像食用的白菜，呼为"白菜瓶"。白菜瓶为南宋龙泉窑特有样式，无论是郊坛下官窑还是老虎洞官窑都没有发现过类似形制的器物。所以，若不是白菜瓶的模样，就那如玉的釉质定会误认为是南宋官窑的。

**30 南宋龙泉窑海棠口瓶**

高15、口径4.8×3.8、足径4.5×4.5厘米

*CRABAPPLE-MOUTH VASE OF LONGQUAN KILN, THE SOUTHERN SONG DYNASTY*
*HEIGHT: 15 MOUTH DIAMETER: 4.8×3.8CM*

海棠花形口，颈略束，悬胆腹，圈足。足端无釉，可见深黑灰色的胎骨。通体施灰青厚釉，釉质匀净如玉。

此瓶亦为前后两片分模压制而成的，底有隐约可见的模痕。宋代类似的花形器物多为模制，这样既可以保证不走形，又可以提高生产率。

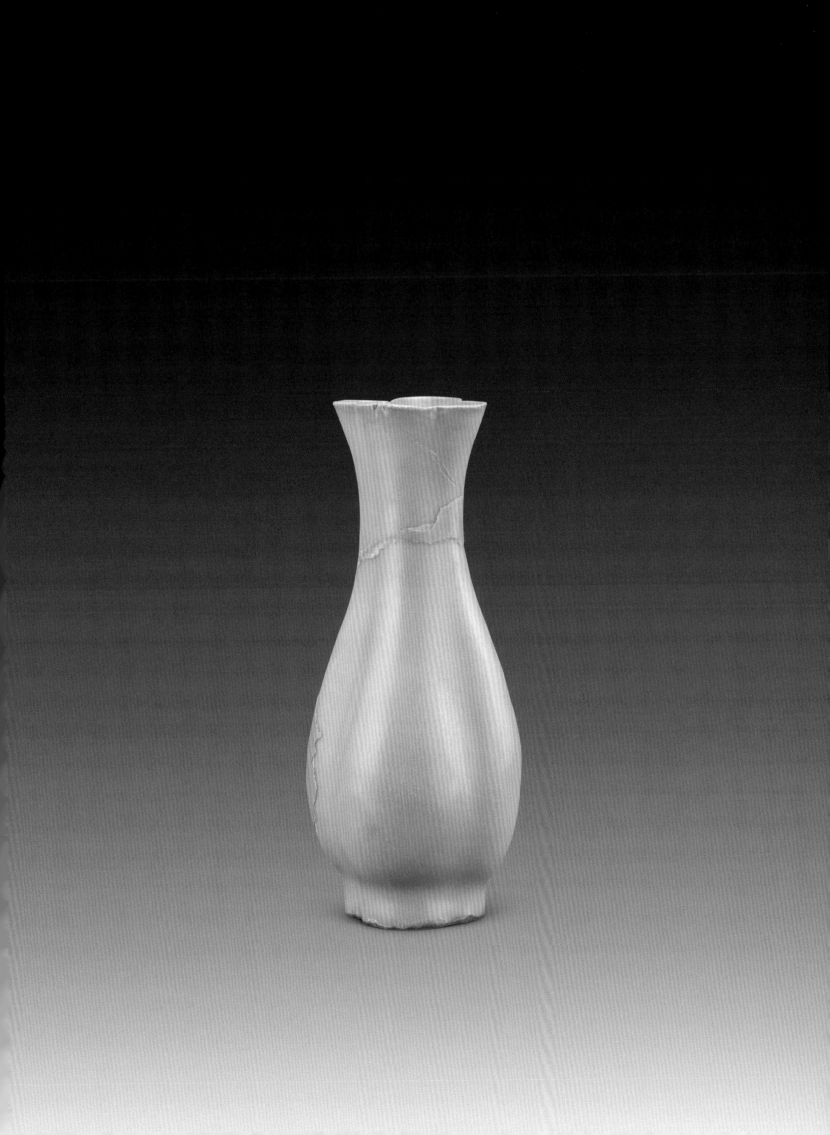

## 31　南宋龙泉窑粉青贯耳瓶

高26、口径5.7、足径11厘米

*VASE WITH TWO LOOP HANDLES IN LIGHT GREENISH BLUE GLAZE OF LONGQUAN KILN,*
*THE SOUTHERN SONG DYNASTY*
*HEIGHT: 26  MOUTH DIAMETER: 5.7CM*

直口，长颈，略低于口沿的颈两边置管耳，故名。球腹，圈足。除足端外满施灰青色釉，釉质肥润匀净。

贯耳瓶为仿古代投壶样式，形制缩小的瓷投壶已不具有宴饮娱乐功能，成为文人案头古雅之趣的陈设。

**南宋龙泉窑板沿洗**

高6.8、口径23.4、足径14厘米

*WASHER OF LONGQUAN KILN, THE SOUTHERN SONG DYNASTY*
*HEIGHT: 6.8　MOUTH DIAMETER: 23.4CM*

宽板沿口，直筒腹，胫部内折，圈足。除足端外满施翠青厚釉，釉质润洁如玉。类似的器形老虎洞窑出过多件，有平底内凹和大圈足两种，尺寸多在30厘米左右。1974年四川简阳宋墓出土过一件造型与此件一样的板沿洗，只是尺寸都小于老虎洞官窑的洗。

## 33  南宋龙泉窑粉青渣斗

高9.2、口径13.6、足径8.8厘米

*REFUSE VESSEL IN LIGHT GREENISH BLUE GLAZE OF LONGQUAN KILN, THE SOUTHERN SONG DYNASTY*
*HEIGHT: 9.2  MOUTH DIAMETER: 13.6CM*

翻口，高颈，扁腹，高圈足。足端无釉，露黑灰色胎骨。满施灰青色厚釉，釉质匀净如玉。

类似渣斗新昌和丽水的南宋墓都有出土，尺寸都没有这件大，釉也亮清一些。此渣斗造型典雅，釉质如玉，为南宋晚期龙泉窑优质青瓷的代表之作。

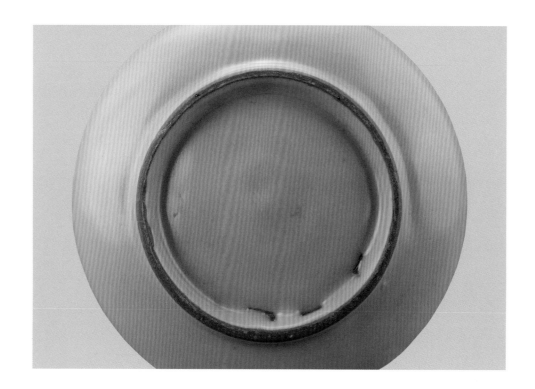

青韵

范佳成珍藏古代瓷器精选

34　南宋龙泉窑荸荠瓶

高16.8、口径4.7、足径6.8厘米

*WATER-CHESTNUT-SHAPED VASE OF LONGQUAN KILN, THE SOUTHERN SONG DYNASTY*
*HEIGHT: 16.8  MOUTH DIAMETER: 4.7CM*

口微外翻，在口沿形成弧形凹槽。长颈，扁腹似荸荠，故名。圈足高而宽，足端无釉。通体施灰青色釉，釉质匀净如玉。

此类长颈荸荠瓶为宋代流行的案头插花之器，龙泉博物馆藏有相似的青黄釉荸荠瓶，官窑、景德镇窑也都有生产，还见有"相宅沈四郎"款的宋代银制荸荠瓶，为宋代雅致生活的见证。

## 35 南宋龙泉窑纸槌瓶

高16.5、口径5.3、足径7.3厘米

*PAPER-MALLET VASE OF LONGQUAN KILN, THE SOUTHERN SONG DYNASTY*
*HEIGHT: 16.5 MOUTH DIAMETER: 5.3CM*

盘口，长颈，斜肩硬折，筒腹，往下略收，暗圈足。除足端外施粉青厚釉，釉质滋润如玉。

纸槌瓶为官样雅器，杭州老虎洞窑址出土有多件基本拼粘完整的纸槌瓶，形制略有不同，平口如环，肩部较平，大多超过20厘米。龙泉窑的此类瓶子胎釉和制作都比较精细，应该是仿南宋官窑的产品。

## 36 南宋龙泉窑纸槌瓶（一对）

高16、15、口径6、5.8、足径7.8、7.7厘米

*PAPER-MALLET VASES OF LONGQUAN KILN, THE SOUTHERN SONG DYNASTY (A PAIR)*
*HEIGHT: 16, 15  MOUTH DIAMETER: 6, 5.8CM*

平口略斜，长颈，斜肩硬折，筒腹，往下略收，暗圈足。除足端外施灰青厚釉，釉质匀净，玉质感强。两只瓶子因手工拉坯而大小不一，但如此雅器成对收藏实属难得。

**37　南宋龙泉窑莲瓣碗**

高6.8、口径16.8、足径4.5厘米

*LOTUS-PETAL-SHAPED BOWL OF LONGQUAN KILN, THE SOUTHERN SONG DYNASTY*
*HEIGHT: 6.8　MOUTH DIAMETER: 16.8CM*

敞口，斜弧腹，圈足。外腹壁减地浮雕宽仰莲，足端无釉，显露出黑褐色胎骨。施青灰厚釉，釉质滋润如玉，釉面开大片纹。

在龙泉窑考古发掘中，凡是黑胎青瓷的制作都比较精致，质量较好。这应该是龙泉窑接受南宋官府委派而烧制的，因此从胎釉、制作工艺等方面都尽可能接近南宋官窑，是朝廷在龙泉烧制的官器。

**38 南宋龙泉窑莲瓣纹敦式碗**（一对）

高7.8、7.7、口径11.7、12.2、足径6.3、6.2厘米

*MOUND-SHAPED BOWLS WITH LOTUS-PETAL PATTERNS OF LONGQUAN KILN, THE*
*SOUTHERN SONG DYNASTY (A PAIR)*
*HEIGHT: 7.8、7.7  MOUTH DIAMETER: 11.7、12.2CM*

直口，口部无釉。深弧腹，腹外壁浅浮雕仰莲纹。圈足，足端无釉。施梅子青厚釉，釉质匀净润洁。

此类碗在金鱼村窖藏中出土非常多，虽然盖子是分开放的，但从口部无釉的工艺看，那些覆莲纹的盖子应该就是莲瓣纹敦式碗上的。朱伯谦主编的《龙泉窑青瓷》认为金鱼村窖藏那些莲瓣纹盘是这些碗的托盘，是盖、盏、托三件套茶具。笔者以为虽然盘的大小和纹饰与碗相配，但盘的数量仅为碗的三分之一，应该不是为碗准备的托盘。另外此时的茶盏多不带盖，且深腹芒口不宜饮茶，故茶具的可能性很小。

### 39 南宋龙泉窑束口双鱼盏（五件）

高4.5、口径10.3、足径2.8厘米

*CONTRACTED MOUTH BOWLS WITH TWIN FISH DESIGNS OF LONGQUAN KILN, THE*
*SOUTHERN SONG DYNASTY (FIVE PIECES)*
*HEIGHT: 4.5  MOUTH DIAMETER: 10.3CM*

束口，弧腹斜收，小圈足，底心有一小乳点。除足端外满釉，釉质肥润，外壁刻较宽的折扇纹，内底模印贴花两条背向而游的鱼。

束口碗盏是龙泉窑南宋时期多见的器形，衢州市柯城区南宋咸淳十年（1274年）史绳祖墓出土过形制相似、体量略大的碗，只是内底缺两条鱼。许多建盏也多束口样式。单件双鱼束口盏完整无缺保存下来已属不易，同时完整保存五件为仅见。

### 40　南宋龙泉窑双鱼洗

高6、口径22、足径11厘米

*WASHER WITH TWIN FISH PATTERNS OF LONGQUAN KILN, THE SOUTHERN SONG DYNASTY*
*HEIGHT: 6　MOUTH DIAMETER: 22CM*

板沿，弧腹，腹外壁减地浮雕仰莲纹。内底模印贴花两条向背的游鱼。圈足，足端无釉。施梅子青厚釉，釉质滋润，开稀疏的片纹。

此类双鱼洗制作都比较精致，应该是文人案头之具。故宫博物院翠云馆的长春书屋（乾隆为皇子时的读书场所）内原陈设有一件类似的洗，只是板沿上相对称打有四孔。从陈设场所看似为御用文具。

## 41 南宋龙泉窑青黄釉双鱼盘

高5、口径22.2、足径9.2厘米

*PLATE WITH TWIN FISH DESIGNS IN GREENISH YELLOW GLAZE OF LONGQUAN KILN, THE SOUTHERN SONG DYNASTY*
*HEIGHT: 5  MOUTH DIAMETER: 22.2CM*

板沿，弧腹，腹外壁减地浮雕仰莲纹。内底模印贴花两条背向而游的鱼，印纹浅而釉厚，鱼纹较模糊。圈足，足端无釉，胎骨灰黄色。施青黄厚釉，釉质滋润，外壁釉面多缩釉点，开细密的浅片纹。

这类青黄釉产品并不是龙泉窑的特色，而是仿南宋官窑青黄釉器物，老虎洞窑址出土的大部分器物都为青釉和青黄釉制品。青黄釉产品烧结温度稍低，叩之声音较哑，多开细密的冰裂纹。因为是仿官产品，为民间收藏者所追捧。

## 42  南宋龙泉窑葵花盏

高5.5、口径9.3、足径3.2厘米

*SUNFLOWER-SHAPED SAUCER OF LONGQUAN KILN, THE SOUTHERN SONG DYNASTY*
*HEIGHT: 5.5  MOUTH DIAMETER: 9.3CM*

六曲花口，斜弧腹，内壁六条白筋，外壁十二道棱线。圈足小而高，足墙较厚。除足端外施青绿厚釉，釉面被侵蚀，开深浅不一片纹。

该器具应该是饮酒用的酒盏，类似的造型宋代银器也有，样式是仿锦葵科中的黄蜀葵的，一般下面还有酒台。类似的盏是南宋时期龙泉窑青瓷仿金银器之作，也是宋人雅致生活的用具。

### 43 南宋龙泉窑青瓷屈卮

高4.3、口径9、足径6.1厘米

*CELADON WINE VESSEL OF LONGQUAN KILN, THE SOUTHERN SONG DYNASTY*
*HEIGHT: 4.3   MOUTH DIAMETER: 9CM*

口微内敛，扁腹略鼓，形似马勺。上腹部的一边有如意云状的压指錾，錾下有新月形把手。足径较宽，与口径仅差约3厘米。除口沿和足端无釉，其余均施灰青色釉，釉质莹润，玉质感强，无任何片纹。

此类器物一般都称为"把杯"，与"屈卮"的意思相近。屈卮，原是古称，也称"曲卮"或"卮"，指一侧有环柄的酒杯。湖州市博物馆藏有一件宋墓出土的黑胎"粉青釉把杯"，口径与此件一致，足径只有4.6厘米，釉面有开片，被普遍认为是龙泉窑仿南宋官窑的作品。此件屈卮从形制上看时代与之有先后之别，代表了南宋晚期龙泉窑的制作水平。

## 44　南宋龙泉窑刻花洗

高6.2、口径16.5、足径9.3厘米

*WASHER WITH INCISED PATTERNS OF LONGQUAN KILN, THE SOUTHERN SONG DYNASTY*
*HEIGHT: 6.2　MOUTH DIAMETER: 16.5CM*

口外翻，斜腹，腹下部硬折，大圈足。内底暗刻折枝花。除足端外施灰青釉，釉质肥润。洗的形制与江西樟树南宋景定元年韩氏墓出土的折腹碗相同，釉质也为南宋晚期常见的灰青釉，应是南宋晚期的龙泉青瓷。

## 45　南宋龙泉窑双鱼洗

高4.5、口径13、足径6.3厘米

*WASHER WITH TWIN FISH PATTERNS OF LONGQUAN KILN, THE SOUTHERN SONG DYNASTY*
*HEIGHT: 4.5　MOUTH DIAMETER: 13CM*

板沿，弧腹，腹外壁减地浮雕仰莲纹。内底模印贴花两条反相游动的鱼。圈足，足端无釉。施青绿厚釉，釉质滋润，开深浅不一的片纹。双鱼洗制作精致，釉质肥润，应该是文人案头之雅器。

**46　南宋龙泉窑青黄釉大贯耳瓶**

高30.5、口径6、足径10.5厘米

*VASE WITH BIG LOOP HANDLES IN GREENISH YELLOW GLAZE OF LONGQUAN KILN, THE SOUTHERN SONG DYNASTY*
*HEIGHT: 30.5  MOUTH DIAMETER: 6CM*

平口，口缘一圈宽凸弦纹，长颈，弦纹下端颈部置一对称管耳，球腹，大圈足，足端无釉，显露出灰黄色胎泥。施青黄厚釉，釉质肥润。腹中部以上釉面开浅细片纹，以下部分和底部开黑片纹。腹部两边的釉色和开片也不完全一样，一边为青黄釉，釉面开片；一边为青灰色釉，釉面几乎不开片。

贯耳瓶是从古代投壶演变而来的，金鱼村窖藏出土了10件类似的瓶子，最高的仅16.6厘米，应是文人案头插花之瓶。此件形制硕大，口径达6厘米，拿来实用也未可知。此瓶釉质润洁，为仿南宋官窑青黄釉，上部的开片像汝窑，下部开片如哥瓷的"铁线"；腹部一边开片，一边不开片。多种现象集于一器，对理解官窑与哥窑问题将有所裨益。

## 47　南宋龙泉窑弦纹盉口长颈瓶

高24.5、口径8.5、足径9.1厘米

*LONG NECK VASE WITH BROAD MOUTH AND BOW STRING PATTERNS OF*
*LONGQUAN KILN, THE SOUTHERN SONG DYNASTY*
*HEIGHT: 24.5　MOUTH DIAMETER: 8.5CM*

盉口，长颈，颈中部有一道凸出的弦纹。圆腹，肩部有三道凸出的弦纹。足径较宽大，足端无釉。通体施梅子青厚釉，腹部和底部釉面开片。

龙泉窑类似的长颈瓶很多，但腹部各异，多见为扁肚形和悬胆形的，圆腹的往往没有弦纹，多为撇口。从美学角度看，该瓶为龙泉窑长颈瓶中的美男子。

**48 南宋龙泉窑琮式瓶**

高26、口径7.7、足径7.5/8.3厘米

*CONG-TYPE VASE OF LONGQUAN KILN, THE SOUTHERN SONG DYNASTY*
*HEIGHT: 26 MOUTH DIAMETER: 7.7CM*

器物仿良渚文化玉琮的样式，口颈考虑到瓷瓶的特点略呈八字形，器身则完全模仿玉琮，以凸棱线表现玉琮的节数，与大多数琮式瓶一样为八节。圈足不甚圆，足端无釉。通体施粉青色厚釉，釉质肥润，玉质感强。

龙泉窑琮式瓶高度多在26厘米左右，故宫博物院藏有39.7厘米的琮式瓶，为所见最大者。仔细观察瓶子，瓶身的上端与下端尺寸不一，测量结果为上端9.8，下端10厘米，也就是上小下大，这和良渚文化考古发掘的多节玉琮样式相似，不过玉琮放置时是上大下小。由此可见南宋偏安杭州，好古的文人雅士是真正见过良渚玉琮的，并照此烧制出了古朴雅致的青釉琮式瓶。

## 49 南宋龙泉窑大荷叶盖罐

通高31、口径25.3、足径18厘米

*BIG LOTUS-LEAF-SHAPED COVERED JAR OF LONGQUAN KILN, THE SOUTHERN SONG DYNASTY*
*HEIGHT: 31  MOUTH DIAMETER: 25.3CM*

口颈为八字形，溜肩，鼓腹渐收。圈足，足端无釉，底为另制一圆形泥饼从罐内粘贴而成。盖似一张圆形荷叶，茎为钮，有子口插入罐口。罐的口沿、圈足和盖的子口外边、荷叶边的下部无釉，其他部位均施梅子青厚釉。

类似的荷叶盖罐出土过好几件，但精美的不多。四川遂宁所出土的荷叶罐施纯正的梅子青厚釉，一无片纹。虽然是厚胎，然纯美的釉色是以往任何时候都无法比拟的，为最精美者。该件器物的胎釉、大小与遂宁的极其相似，媲美于遂宁所出。只是底部处理略有不同，遂宁的底部修得比较规整，中间下凹，形似玉环。该件底部近似釜形，中间部分修出一块圆平面。这些荷叶盖罐一般都定为元代，但从遂宁窖藏的历史背景和同出的文物看，似定为南宋晚期更恰当一些。

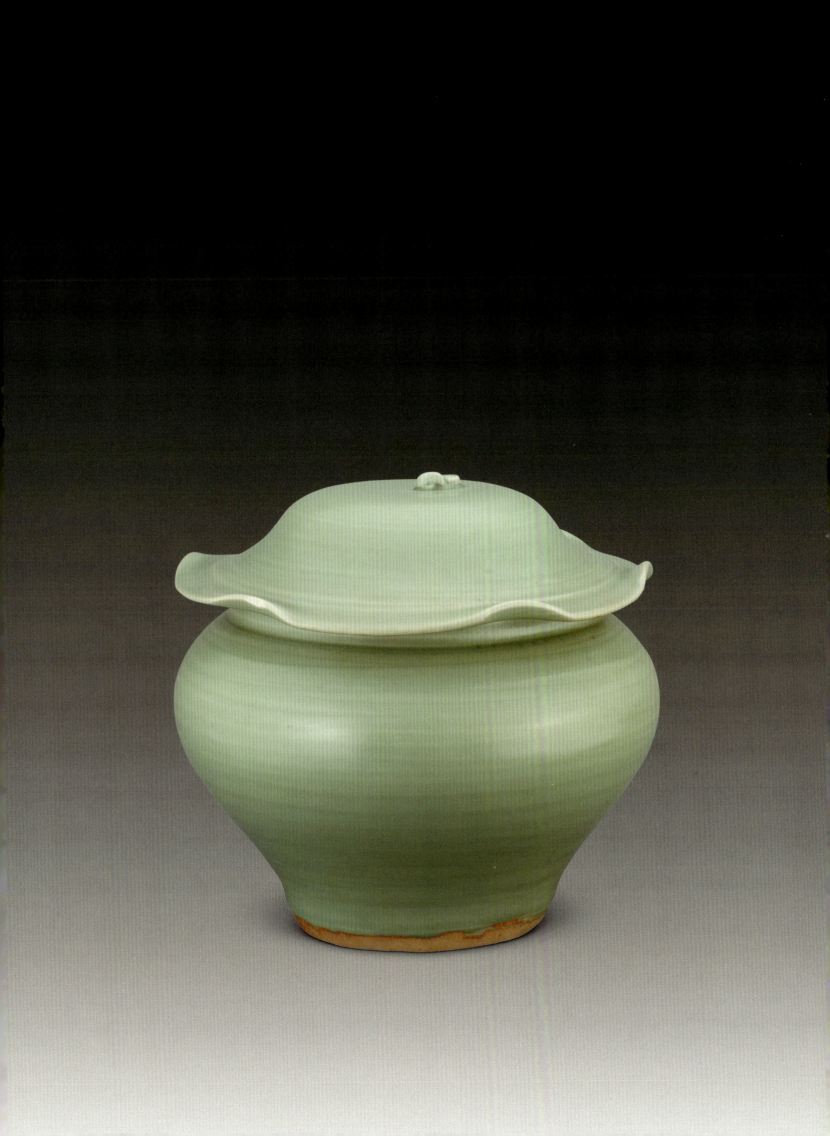

## 50　元出棱荷叶罐

通高31、口径24.3、足径18厘米

*LOTUS-LEAF-SHAPED JAR OF THE YUAN DYNASTY*
*HEIGHT: 31　MOUTH DIAMETER: 24.3CM*

该件荷叶罐和前款荷叶罐造型和制作方法基本相同，只是在器物表面修出了一道道凸棱，凸棱的最高处由于不易挂釉而形成条条白筋，恰如菊瓣一般。通体施青釉，由于凸棱较密，降低了整体的绿色的色度。

此类荷叶罐不见于遂宁金鱼村窖藏，而多见于元代的遗存，如韩国的新安沉船、河北赤城县云州乡都出土过相似的荷叶罐。

### 51 元龙泉窑大净瓶（一对）

高50、49、口径6.1、6.3、足径11、11.5厘米

*BIG HOLY VASES OF LONGQUAN KILN, THE YUAN DYNASTY (A PAIR)*
*HEIGHT: 50、49CM*

瓶子直口，口下沿在胎骨刮出一道整齐的边。略带八字的长颈，颈部往下三分之二处饰以凸轮，丰肩，肩部有一道与口沿呼应的白棱，往下渐收。圈足二层台阶状，底为更深的另一个平面，与圈足形成三个台阶。两瓶的足端都有对称的似人为的窑裂，不知是否与烧制工艺有关。除足跟外通体施梅子青釉，釉质肥厚匀净。

类似的净瓶形制都比较小，如此硕大的净瓶仅见于韩国新安海底沉船中，出水的大净瓶高47.7、口径6.9、底径11.1厘米，除口径明显大一点，其他都非常接近。新安沉船从出水文物推断是1323年驶往日本途中沉没的，那么船上的净瓶至少是元中期的。

## 52　宋元龙泉窑鱼虬衔环耳瓶

高25.3、口径11、足径8.8厘米

*VASE WITH AN IMAGINARY BEAST HOLDING A LOOP EAR OF LONGQUAN KILN*
*AT THE TURN OF THE SONG AND YUAN DYNASTIES*
*HEIGHT: 25.3　MOUTH DIAMETER: 11CM*

喇叭口，长颈，颈上部二道弦纹，下部三道弦纹，弦纹间对称置鱼虬衔环耳。悬胆腹，腹颈间三道弦纹，腹下部减地浮雕仰莲纹。外撇足，足端无釉。底部修坯呈玉环状。除足端外，施梅子青厚釉，釉质匀净润洁，无片纹。

此类衔环耳瓶时代向来有宋元之争，但这件瓶子的耳形与金鱼村窖藏的簋式炉耳相似，安装上也是在上部修二道弦纹定位。玉环状底和金鱼村窖藏的荷叶罐底部相同。下腹的仰莲纹也多见于南宋时代的器物上。因此，个人更倾向于将瓶子的时代定为南宋。

**53 宋元龙泉窑鱼虬衔环耳瓶**

高26.5、口径10.3、足径9厘米

*VASE WITH AN IMAGINARY BEAST HOLDING A LOOP EAR OF LONGQUAN KILN AT THE TURN OF THE SONG AND YUAN DYNASTIES*
*HEIGHT: 26.5  MOUTH DIAMETER: 10.3CM*

喇叭口，长颈，颈上、下部各三道弦纹，下弦纹间对称置鱼虬衔环耳。近圆的鼓腹，腹颈间三道弦纹，腹下部减地浮雕仰莲纹。平底，外撇足，足端无釉。施梅子青厚釉，釉质匀净润洁，开稀疏的深片纹。此瓶与上一件大同小异，从釉质上看还是更多南宋特征。

## 54　元龙泉窑仿木盆洗

高4.5、口径20.5、足径13.5厘米

*WOODEN-BASIN-STYLED WASHER OF LONGQUAN KILN, THE YUAN DYNASTY*
*HEIGHT: 4.5　MOUTH DIAMETER: 20.5CM*

多曲口，斜弧腹，外壁刻多道竖纹，表现攒板的效果，中上部和底边各刻一道箍纹。内底斜刀刻荷花一朵。假圈足，底部一环状火石红痕，为支烧部位。除底部环状火石红，满施淡青釉，施釉平整，稍显清亮。

这种样式多被称为"蔗段洗"，但上面并没有"蔗段"纹饰，不知何所本。但刻划的板块和箍圈极像南方的木盆，称其为"仿木盆洗"似为更妥帖一些。

## 55　元龙泉窑南瓜形壶

高8、通宽15、足径6.8厘米

*PUMPKIN-SHAPED POT OF LONGQUAN KILN, THE YUAN DYNASTY*
*HEIGHT: 8  WIDTH: 15CM*

壶为仿南瓜造型，壶身为扁圆南瓜，把为长有两片枝叶的瓜藤，盖为从壶身挖下来的脐蒂，唯独壶嘴是光素的短流。足墙宽矮，底部釉下有麻布纹。除足端外满施青绿釉，釉质匀净清亮。元代类似的南瓜壶比较多见，但制作都非常简单，如此形象生动的青釉南瓜壶才是龙泉窑制瓷工艺的代表作。

## 56 宋末元初龙泉窑玉壶春瓶

高26、口径6.7、足径8厘米

*PEAR-SHAPED VASE OF LONGQUAN KILN AT THE TURN OF THE SONG AND YUAN DYNASTIES*
*HEIGHT: 26   MOUTH DIAMETER: 6.7CM*

喇叭口，细颈，悬胆腹，圈足，底部修坯呈玉环状。除足端外满施梅子青厚釉，釉质匀净光洁。

"玉壶"是形容材质、形制俱佳的壶，"春"古代是指好酒。"玉壶春"既可以代指好壶，也可以代指好酒。类似形状的瓶流行于宋元之时，主要是装酒的，有陶瓷的，也有金银器的。1983年浙江泰顺县一窖藏出土过一件精美的粉青釉玉壶春瓶，与此件在造型、制作工艺上非常相似，唯釉色不同，为宋末元初的龙泉窑精品。

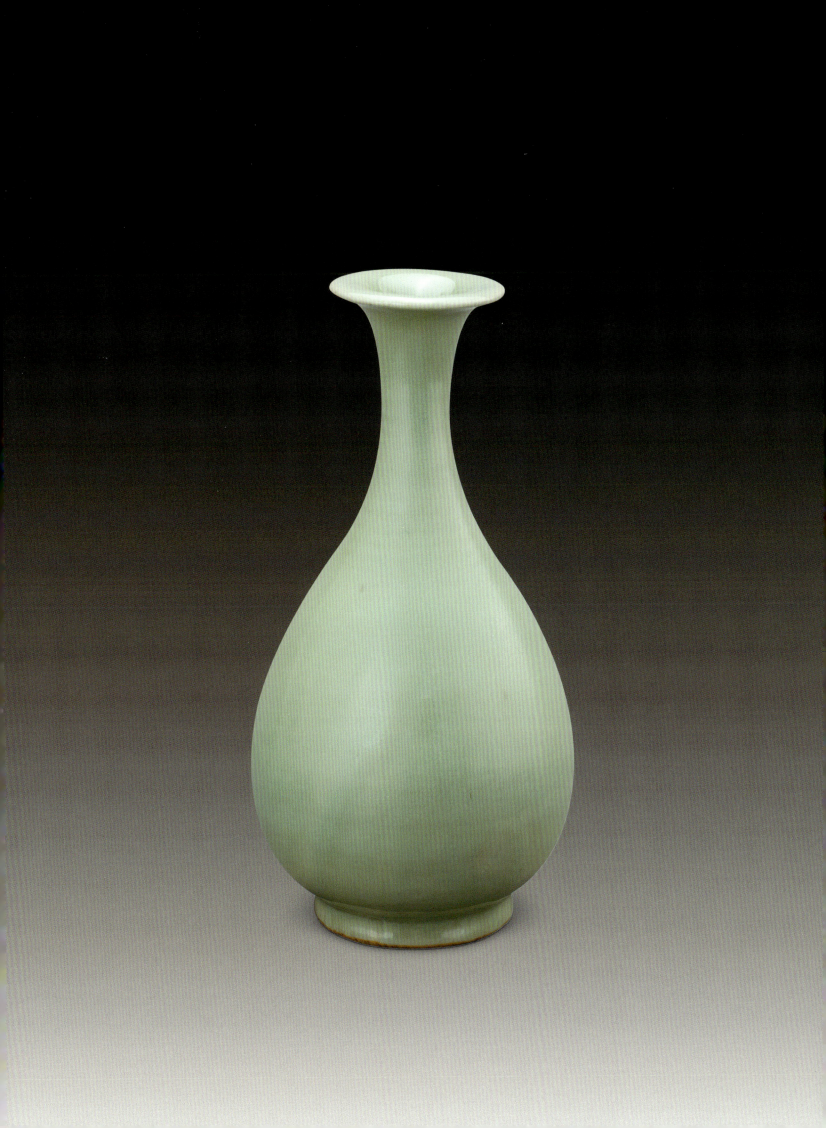

## 57 元龙泉窑玉壶春瓶

高23、口径5.5、足径6.5厘米

*PEAR-SHAPED VASE OF LONGQUAN KILN, THE YUAN DYNASTY*
*HEIGHT: 23   MOUTH DIAMETER: 5.5CM*

喇叭口，细颈，悬胆腹，圈足。除足端外满施青绿厚釉，釉质滋润，部分釉面有串烟现象。玉壶春瓶由诗句"玉壶买春"、"玉壶先春"得名，因线条简洁，造型优美，既可盛酒，又能观赏，故深受宋元时人喜爱。

## 58　元龙泉窑船型砚滴

高9.5、长16、宽5.2厘米

*BOAT-SHAPED WATER DROPPER OF LONGQUAN KILN, THE YUAN DYNASTY*
*HEIGHT: 9.5　LENGTH: 16CM*

砚滴为双棚船造型，中间有栏杆和架子棚，棚顶有笠帽等用具，棚口分坐两人，棚里一人。船身中空可贮水，船尾无甲板，为水的进出口。船前部甲板有一小孔，利于注水时空气进入。船头塑一小棚，似为一人斜卧在棚顶。船底平整无釉，有麻布纹。施豆青釉，釉质厚润，由于施釉太厚，人物都已面目不清了。龙泉窑船型砚滴非常注重场景设计，有着水上人家的生活气息。

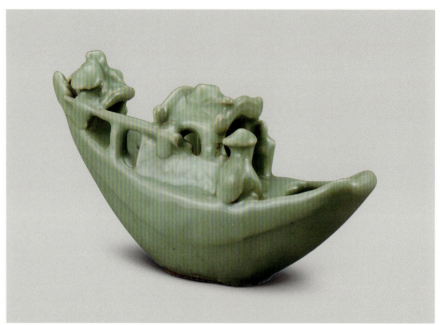

**59  元龙泉窑船型砚滴**

高7.1、长13.3、宽4.7厘米

*BOAT-SHAPED WATER DROPPER OF LONGQUAN KILN, THE YUAN DYNASTY*
*HEIGHT: 9.5   LENGTH: 16CM*

砚滴也为双棚船造型，纹饰大多压印，中间有架子棚，棚顶压印一人在费劲地捡拾笠帽。棚里塑三人，因施釉太厚而面目不清。船身中空可贮水，船尾无甲板，为水的进出口。前甲板中部有一小孔，为注水时的气压孔。船头小棚无装饰物。船身外壁压印卷草纹和水纹。船底平整无釉，有线切割痕。施青绿釉，釉质厚润。这件砚滴使人联想到浙江省博物馆收藏的船型砚滴，虽然制作有精粗之别，但那爬棚捡帽的生动感实有异曲同工之妙。

## 60　元龙泉窑连佛龛观音坐像

高44、底26.6×14厘米

*SEATED STATUE OF AVALOKITESVARA WITH NICHE FOR BUDDHA OF LONGQUAN KILN,*
*THE YUAN DYNASTY*
*HEIGHT: 44CM*

龛作山子状，五指山峰峦叠翠，中间一轮红日伴以祥云环绕。观音结跏趺坐于正中，头戴宝冠，后闪佛光，脸、胸、手无釉，胸佩璎珞。右架置佛经，左架置净瓶。座前莲台、莲池，善财童子和龙女分列两旁，童子的面部不经意淋上了釉，面目模糊。底部中空，背的正中和底座的两侧均有一圆孔，既可出气，又便于捧持。除露胎处均施葱绿釉，釉质肥润。

类似大小的连龛观音坐像天津博物馆和扬州文物商店各藏有一个，以天津博物馆的塑造人物最多，多两个协侍菩萨。其他大同小异，唯此件架上摆放佛经。宋元时期，瓷造像逐渐增多，以景德镇青白瓷和龙泉窑青瓷最盛。为了展现佛像慈祥的面部，开脸多不施釉，龙泉窑青瓷的莲花和手掌也常不施釉。造像以独立居多，连龛的非常少，可以说连龛观音坐像是宋元之际最美佛教造像。

## 61 元龙泉窑葫芦瓶

瓶高25.7、足径9.1厘米

*GOURD-SHAPED VASE OF LONGQUAN KILN, THE YUAN DYNASTY*
*HEIGHT: 25.7  FOOT DIAMETER: 9.1CM*

瓶口因破损而包金，并加以金盖。上腹为悬胆形，中间束腰，下腹为球状，圈足。除足端外施梅子青釉，釉质匀润。

瓷葫芦瓶初见于唐代，宋代因道教传布而逐渐流行开来。此后更因"葫芦"与"福禄"谐音，加之葫芦为滕蔓作物，会延绵生长，有"福禄万代"之意，遂成为造型艺术和绘画艺术常用题材。

### 62 元龙泉窑葫芦瓶

高36.5、口径5.3、足径10.5厘米

*GOURD-SHAPED VASE OF LONGQUAN KILN, THE YUAN DYNASTY*
*HEIGHT: 36.5  MOUTH DIAMETER: 5.3CM*

直口，上节为悬胆腹，中间束腰，下节球腹，圈足。除足端外施灰青釉，釉质匀净滋润。在存世所见的龙泉窑葫芦瓶中此件算是大个子，且制作规整，光素无纹。釉质与南宋末期龙泉窑其他产品相似，反映了宋末元初龙泉窑的制作水平。

## 63　元龙泉窑蒜头口瓶

高26、口径2.8、足径8.3厘米

*VASE WITH GARLIC HEAD MOUTH OF LONGQUAN KILN, THE YUAN DYNASTY*
*HEIGHT: 26  MOUTH DIAMETER: 2.8CM*

口似蒜头，长颈，斜肩，略扁的球腹，圈足，足端无釉，在火石红中显露白色胎骨。施豆青釉，釉质匀润。该瓶制作规整，样式别致，为龙泉窑花瓶中少见品种。

### 64 元龙泉窑凤尾尊

高75、口径28.3、足径17.5厘米

*PHOENIX-TAIL-SHAPED WINE VESSEL OF LONGQUAN KILN, THE YUAN DYNASTY*
*HEIGHT: 75  MOUTH DIAMETER: 28.3CM*

撇口外翻，长颈。口沿下外壁弦纹，颈部刻蕉叶纹。溜肩，鼓腹下收。肩部刻卷云纹，上腹部减地浮雕缠枝牡丹纹；下腹的上部浅阴线刻牡丹纹，下部浅浮雕菊瓣纹。胫部有一道粗大而凸出的弦纹，圈足，足墙宽厚，足端内外侧斜刀去掉折角，底为另外制作从内里粘贴而成。器物均施豆青釉，足端无釉，足外部刮釉不整齐。凤尾尊均为大器，但75厘米的高度并不多见。

65　**元龙泉窑出戟花觚**

高24.1、口径15.2、足径10.5厘米

*GOBLET OF LONGQUAN KILN, THE YUAN DYNASTY*
*HEIGHT: 24.1　MOUTH DIAMETER: 15.2CM*

敞口，口连颈呈喇叭状，鼓形腹，腹下外撇喇叭形，颈部与腹下部均饰齿轮状扉棱四道。平底，底部釉下划隶书"福"字。圈足，底在足部。除足端外满施淡青釉。觚为三代青铜酒器，中腰瘦而位置偏下，底在腰把部位。该青瓷觚中腰类似三代器较精瘦，位置偏中部，底在足部，是仿三代青铜觚的陈设瓷。

## 66　龙泉窑青瓷庙宇

高34.5、底径15.7×15厘米

*CELADON TEMPLE MODEL OF LONGQUAN KILN*
*HEIGHT: 34.5CM*

庙宇的形制为重檐庑殿式建筑，正脊中间置有葫芦形宝刹，正脊两端饰鱼虬以厌火祥。四根柱子上端云状斗拱，基座上有平座，有阶梯下到地坪。正面中间有一个插入式门，似为暗示建筑是个粮仓之类。底部麻布纹无釉，中间有一圆孔用于烧制时出气。整个建筑除门之外保持着宋代的样式，这在宋元瓷器上极其少见，为我们研究古建筑提供了依据。

## 67 元龙泉窑模印龙纹大盘

高8、口径33.5、足径12.2厘米

*BIG PLATE WITH STAMPED DRAGON PATTERNS OF LONGQUAN KILN, THE YUAN DYNASTY*
*HEIGHT: 8  MOUTH DIAMETER: 33.5CM*

板沿，中间微凹。弧腹，外壁刻仰莲纹，内壁刻海涛纹。圈足内敛，内底模印贴赶珠龙纹，外底垫圈处无釉。施淡青色釉，釉质匀净。模印贴龙纹为元代龙泉窑常用装饰手法，所见多为30厘米以上的大盘，且制作精良，或为官府定制用瓷。

## 68 元龙泉窑刻双鱼纹大盘

高7、口径42、足径21.7厘米

*BIG PLATE WITH INCISED FISH PATTERNS OF LONGQUAN KILN, THE YUAN DYNASTY*
*HEIGHT: 7  MOUTH DIAMETER: 42CM*

板沿，边线微凸，中间刻四段忍冬纹。弧腹，内壁刻水纹。平底，内底刻两条口衔水藻、背道而游的鱼，外底有火石红垫圈痕。圈足宽矮裹釉。施淡豆青釉，釉质莹润。双鱼纹是龙泉窑最常用的装饰题材，一般都是模印贴花，此盘一改呆板的模印，以刀为笔刻画鱼纹，辅以水藻和满壁的宋马远水纹，比以往任何鱼纹更具生动感，是龙泉窑刻花工艺的杰出代表。

韩国新安海底沉船出水过一件口径40.7厘米的刻牡丹纹大盘，造型和刻花刀法与此件非常相似。可将此类刻花大盘的时代下限锁定在元代中期。

**69　元龙泉窑刻印花敛口洗**

高7.2、口径32.3、足径19厘米

*WASHER WITH CONTRACTED MOUTH AND INCISED PATTERNS OF LONGQUAN KILN, THE YUAN DYNASTY*
*HEIGHT: 7.2  MOUTH DIAMETER: 32.3CM*

内敛束口，弧腹，内壁刻卷云纹。外壁三层纹饰：上层回纹边，中间卷云纹，下层疏朗的仰莲纹。平底，内底模印折枝牡丹纹，花蕊一"宝"字。外底环状刮釉以便垫烧。施淡粉青釉，釉质清亮匀净。内敛束口处理使液体不易溢出，常见于南宋的碗盏口沿，元代多为板沿，内敛束口则非常少见。

## 70　元明龙泉窑刻花大盘

高8.8、口径44、足径22.7厘米

*BIG PLATE WITH INCISED PATTERNS OF LONGQUAN KILN AT THE TURN OF THE YUAN
AND MING DYNASTIES
HEIGHT: 8.8　MOUTH DIAMETER: 44CM*

板沿内倾，两条边线微凸，中间刻忍冬纹。弧腹，平底，内底刻简笔牡丹花。外底
环状火石红以便垫烧。施秋葵绿色釉，釉质肥厚匀净。此盘尺寸较大，似为外销阿
拉伯地区的餐用器皿。

**71　元明篦划水波纹大海碗**

高14、口径34.3、足径14.4厘米

*BIG BOWL WITH WAVE PATTERNS AT THE TURN OF THE YUAN AND MING DYNASTIES*
*HEIGHT: 14　MOUTH DIAMETER: 34.3CM*

唇口，弧腹，内壁以篦状工具竖向刻波纹，中间以指甲状小波纹分隔成两段；外壁上面刻回纹边，主体也是两段竖向波纹。平底，内底模印折枝牡丹纹，外底为璧形，肉的大部环状刮釉，便于垫圈支烧。施豆青色釉，釉质肥润。该碗在同类器物中算是巨制了，其使用上应该和蒙元人好酒有关。蒙元人宴饮时常置一大勺和带柄金盏于两人间，以金盏从大勺中舀酒喝，勺之大"盛酒足供十人之饮"。此碗功用应该与勺相似。

## 72　明龙泉窑荷叶盘烛台

高13.3、盘口径10.7、足径9.5厘米

*LOTUS-LEAF-PLATE-SHAPED CANDLE STAND OF LONGQUAN KILN, THE MING DYNASTY*
*HEIGHT: 13.3  PLATE MOUTH DIAMETER: 10.7CM*

上部为荷叶形承盘，盘中间八字形孔座。盘下束颈，器座较高，如敛口的八字，中空，足端刮釉整齐。施豆青色釉，釉质匀净。从明代开始，瓷器的烛台日益增多，官民窑都有，可能和永乐始流行的五供有关。五供包括一只香炉、一对花瓶、一对烛台，成对烛台保存下来已经很少了，多为散见单只，江西省博物馆藏有一件明正统九年墓出土的卧虎座烛台，为具有断代意义的美器。

73　**明刻山水纹菱口大碗**

高15、口径30.7、足径13厘米

*BIG BOWL WITH WATER CHESTNUT MOUTH AND INCISED LANDSCAPE PATTERNS, THE MING DYNASTY*
*HEIGHT: 15　MOUTH DIAMETER: 30.7CM*

菱花口，深弧腹，内壁以菱花口凸尖处起线，深阴线刻划为十个区块，上面卷草纹，主体刻江牙海涛纹；外壁以菱花口凹下去的地方起线，也分为十个区块，上边刻卷云纹一圈，类似于明早期青花的铁索云装饰手法，主体刻山水通景纹。圈足，底部无釉，垫烧痕也在底部，但足端也刮釉处理。施淡青色釉，釉质肥润，开冰裂纹。龙泉窑青瓷由于厚釉，一般光素或刻印花卉纹，几乎不见山水纹装饰器物。该碗以铁索云和山水相呼应，间以花草，在厚釉瓷器中表现山水通景，似有意在装饰艺术上有所突破，以取得不同凡响的艺术效果，难能可贵。

**74　明龙泉窑刻花墩式碗**

高9、口径20、足径9厘米

*MOUND-SHAPED BOWL WITH INCISED PATTERNS OF LONGQUAN KILN, THE MING*
*DYNASTY*
*HEIGHT: 9  MOUTH DIAMETER: 20CM*

直口，腹上半部分近直壁，下半部弧形。腹内外壁纹饰一样，近口沿一圈回纹边
饰，主体图案为缠枝牡丹纹。圈足裹釉，底部垫圈处环状刮釉。施翠绿色厚釉，釉
质肥润匀净。这类碗无论是造型还是纹饰均见于洪武、永乐时期景德镇官窑瓷器
上，应是官府"定夺制样"由龙泉窑烧制的官瓷。

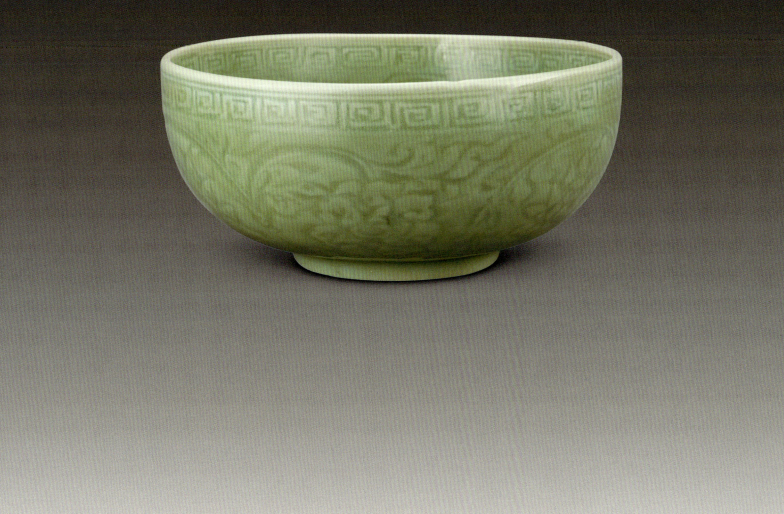

75　明龙泉窑折枝花果纹碗

高9.5、口径21、足径6.7厘米

*BOWL WITH PLUCKED FLOWER AND FRUIT PATTERNS OF LONGQUAN KILN, THE MING
DYNASTY*
*HEIGHT: 9.5　MOUTH DIAMETER: 21CM*

直口，斜弧腹，外壁近口沿一圈忍冬纹边饰，中区缠枝牡丹纹，下方仰莲纹；内壁
近口沿也是一圈忍冬纹边饰，腹部八朵折枝花卉，底部折枝双桃纹。圈足裹釉，底
部垫圈处环状刮釉。施翠绿色厚釉，釉质肥润匀净。该碗釉质、烧制工艺等均与上
一件相似，所刻纹样见于永宣时期景德镇官窑的青花器上，因此，该碗同属于大明
处州官器。

**76 明龙泉窑凤尾尊**

高67、口径25、足径15厘米

*PHOENIX-TAIL-SHAPED WINE VESSEL OF LONGQUAN KILN, THE MING DYNASTY*
*HEIGHT: 67  MOUTH DIAMETER: 25CM*

撇口外翻，长颈。口沿下外壁三道弦纹，颈部减地浮雕缠枝牡丹纹。溜肩，鼓腹下收。腹中间有一道接痕分腹部为上下区，均减地浮雕牡丹纹，牡丹枝叶似断非断，互为呼应。下区的下方为菊瓣纹。胫部有一道粗大而凸出的弦纹，圈足，足墙宽厚，足端外侧小斜刀去掉折角，内侧大斜刀去掉折角。圈足上因足墙太厚而产生两道窑裂。施豆青釉，釉质肥润匀净。该类大瓶应是明初对外赏赐所用，据《大明会典》记载这些赏赐大瓶还可以由官方出钱收购回来。

77 **明龙泉窑胆瓶**

高38、口径10.5、足径13.3厘米

*GOURD-SHAPED VASE OF LONGQUAN KILN, THE MING DYNASTY*
*HEIGHT: 38  MOUTH DIAMETER: 10.5CM*

瓶口圆唇，颈微束，悬胆腹，圈足。近口沿刻绣球锦纹，颈部蕉叶纹，腹部减地浮雕缠枝菊，花蕾刻成椭圆形，颇似洪武青花画法，花瓣中心打挖，与明代玉花片工艺相同。足墙上两道弦纹，足底无釉，足端里边转角为刮釉线。施青绿釉，釉质肥厚青翠。类似造型应该是源自汉壶，经宋代复古演变而为悬胆腹的花瓶。该花瓶口微敞，颈微束，更适合插花时的拢枝与展花。

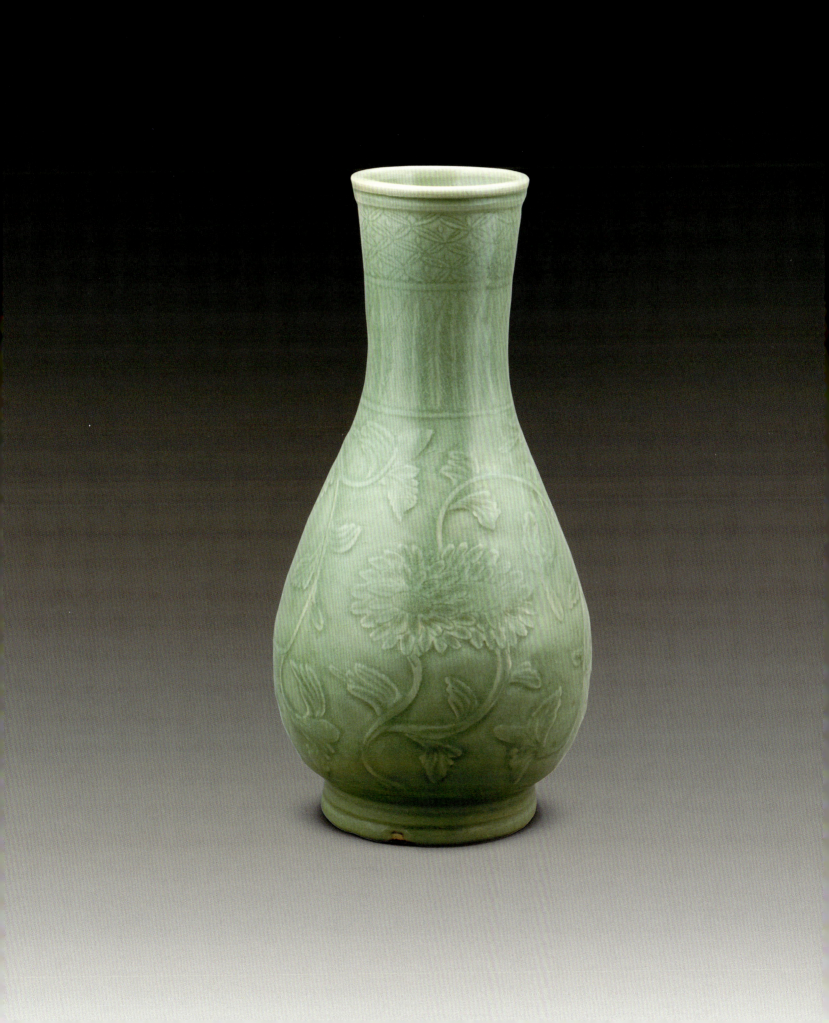

## 78 明龙泉窑刻锦纹大盘

高7.2、口径46.7、足径27厘米

*BIG PLATE WITH INCISED BROCADE PATTERNS OF LONGQUAN KILN, THE MING DYNASTY*
*HEIGHT: 7.2  MOUTH DIAMETER: 46.7CM*

板沿内倾，弧腹，圈足宽大。板沿上刻四组忍冬纹，内腹壁刻缠枝牡丹纹，盘底刻绣球锦。圈足裹釉，底部垫烧处环状刮釉。施淡豆青釉，釉质肥润，不甚平整。该盘口径较大，应该是外销或赏赐阿拉伯地区的。伊斯兰教盛行地区餐饮一般都围坐一圈，以大盘盛饭，浇酥油奶汁，以手撮入口中而食。土耳其托普卡比宫收藏的数件伊斯兰细密画，就生动地展现了群臣围坐用宴的场面。

### 79　明鱼虬衔环耳玉壶春瓶

高25、口径8.5、足径8厘米

*PEAR-SHAPED VASE WITH AN IMAGINARY BEAST HOLDING A LOOP EAR OF LONGQUAN*
*KILN, THE MING DYNASTY*
*HEIGHT: 25　MOUTH DIAMETER: 8.5CM*

敞口，长颈，悬胆腹，圈足外撇。颈部两道出筋弦纹，以上弦纹为底线、上弦纹为中心置鱼虬衔环耳。足端无釉，底部满釉，修坯呈玉环状。施豆青釉，釉质润洁。此类瓶子宋元时已出现，宋《重修宣和博古图》中记录了一件周代高克尊，似为其初始形态，是宋代复古之风在瓷器上的反映。而至明代形制变化较多，口部不再翻卷，鱼虬衔环向颈部收缩，腹如悬胆，去掉双耳完全是一个玉壶春瓶。

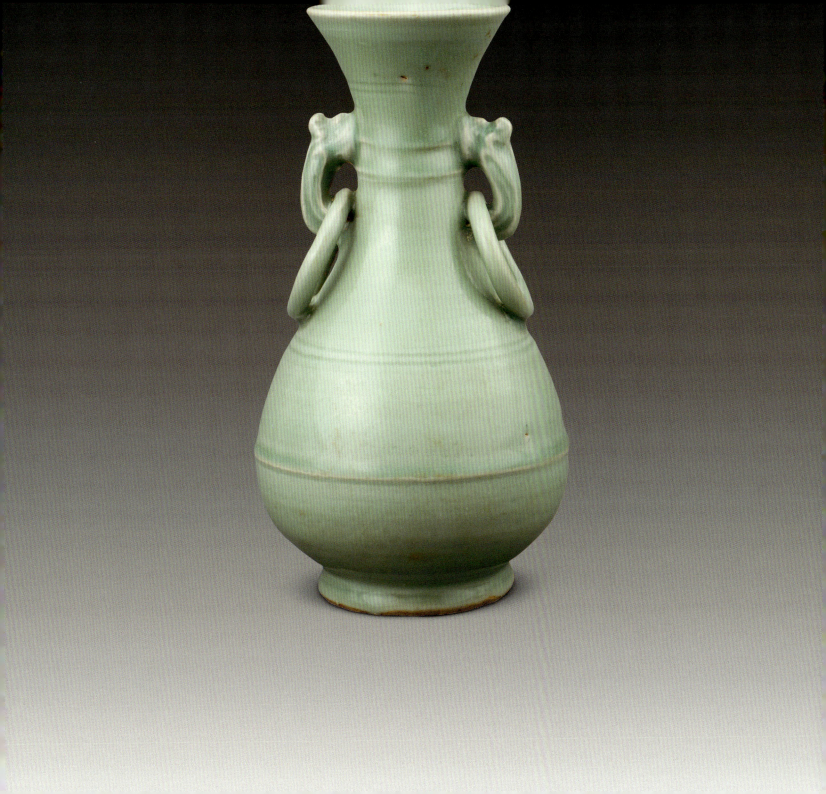

## 80　明衔环双耳刻缠枝莲纹瓶（一对）

高10、口径29厘米

*VASES WITH INCISED INTERLOCKING LOTUS PATTERNS AND LOOP EARS, THE MING DYNASTY (A PAIR)*
*HEIGHT: 27　MOUTH DIAMETER: 8.7CM*

盘口，长颈，悬胆腹，圈足微外撇。颈上部为明代常见的蕉叶纹，颈部中间二道并在一起的出筋弦纹，弦纹上置鱼虬衔环耳，与众不同的是鱼虬尾部外甩勾住圆环。弦纹以下至腹部最宽处刻缠枝牡丹纹。最下端刻仰莲纹。除足端外施豆青釉，釉质肥厚清亮。该对瓶子从形制到纹饰已完全脱离前朝影响，为明中期的龙泉窑青瓷。

### 81　明龙泉窑八卦纹三足洗式炉

高10、口径29厘米

*THREE FEET WASHER-SHAPED INCENSE BURNER WITH EIGHT DIAGRAM PATTERNS OF*
*LONGQUAN KILN, THE MING DYNASTY*
*HEIGHT: 10　MOUTH DIAMETER: 29CM*

内折口，口沿中间打挖，鼓式腹，腹的上下边均为两道宽边出筋弦纹，两道弦纹间饰以梅花状鼓钉。腹部中区浮雕八卦纹。内底中心无釉，模印折枝牡丹纹。外底凸出的实饼足，足上无釉，起支烧作用。饼足外围三兽头足。施淡青色釉，釉质滋润，平整度略逊。洗式炉流行于明清之际，有的学者根据北京毛家湾明代瓷器坑的出土情况定名为花盆的"盆托"；但龙泉博物馆藏有一件墨书"雍正辛亥年"的供奉器，应该是炉的功用，不过尺寸略小，口径为21.7厘米。但坊间都俗称为炉，姑且从俗称之。此炉的款式雅致，与广东省博物馆收藏的八卦三兽足炉相似，只是鼓钉更为密集，如宋元鼓钉的装饰风格。

---

## 青 白 瓷

　　青白瓷不是青瓷，也不是白瓷，其釉色为青中闪白，白里透青的青白色，接近青瓷中的粉青釉色，青色的成因也同为氧化铁。因其透光性好，色泽隐隐约约，又称影青、隐青、映青等。从名称上看，青是这款瓷器的主要特征，闪白是为了迎合宋代审美的淡雅格调。上溯唐五代，景德镇已有越窑类的青瓷和白瓷，并没有青白瓷。宋代破空而来的青白瓷似乎不符合我国古陶瓷继承和发展的演进序列，却可以从宋人以晴空为美的审美理念找到理由。据说五代末的柴世宗曾为有司所请御批"雨过天青云破处，者般颜色作将来"，柴世宗虽是五代末期人，传说的御批却成为宋代釉色之美的源流。北方"天青"釉的代表就是皇室御用的汝官窑青瓷。南方则流风所及浙江、福建、安徽、广东、四川、湖北等长江以南诸省民窑，均烧制淡雅的青白釉瓷器，但以景德镇的青白瓷为最好，有"饶玉"之誉，行销大江南北，所谓"江湖川广器尚青白，出于镇之窑者也"。更因为其产品品质优良，在"宋景德中置镇，始遣官制瓷贡京师"，一度成为贡奉朝廷的御用瓷。

**82　宋青白釉带温碗酒注**

通高26.5、壶高22、口径3.2、足径 8.7厘米；碗高14.6、口径17.5、足径9.1厘米

*WINE JAR WITH WARMING BOWL IN BLUISH WHITE GLAZE, THE SONG DYNASTY*
*HEIGHT: 26.5CM*

器物分温碗和注子两部分，碗花口，深腹，高足，状似一朵盛开的荷花，内底有五个泥点支烧痕，外底无釉，垫圈支烧。注子直口，斜肩硬折，肩部对称置长曲流和高弯执。微敞的筒腹，肩腹有双阴线表示的瓜棱。圈足，足端有四个支烧痕。盖为筒状，顶置蹲兽，因此坊间也称此类注子为"狗头壶"。施青白釉，釉质匀净清亮。

中国自古有喝温酒的习惯，最为大众乐道莫过于"关羽温酒斩华雄"的故事了。为了保证长饮时酒温不降，宋代出现了温酒注子，并成为酒肆常备之器，以招徕顾客。景德镇窑的温碗注子胎质细白坚致，釉质明丽如玉，盖、壶、碗色泽一致，制作规整，保存完整，是殊为难得的收藏珍品。

## 83 宋青白釉瓜棱长颈执壶

高23、口径6.7、足径8.2厘米

*MELON RIDGE EWER WITH A LONG NECK IN BLUISH WHITE GLAZE, THE SONG
DYNASTY
HEIGHT: 23 MOUTH DIAMETER: 6.7CM*

口微撇，与颈一起呈喇叭状，斜肩，肩部置长流，相对一面置高把，把的一
端粘连肩部，另一端粘连壶口，把的最高端置一筒状小系。腹为下收的瓜棱
状，圈足，底部无釉，为垫烧处。盖沿向下翻卷，扣合壶口，下面无釉，子
口如实饼圈足；盖面下凹，置荷梗状钮，盖边缘也有一筒状小系，便于系绳
以防盖子滑落。施青白釉，釉质匀润如玉。

此类壶为辽宋时期流行款式，1985年云和县紧水滩镇出土过一件青釉的瓜
棱执壶，造型和装饰与此非常相似。宋代盛行吃茶，要冲点茶末的，点茶用
壶需求量大，故而发现得比较多。但宋代南方烧瓷普遍为龙窑烧制，一窑所
出品质良莠不齐，如此精致的茶壶并不多见。

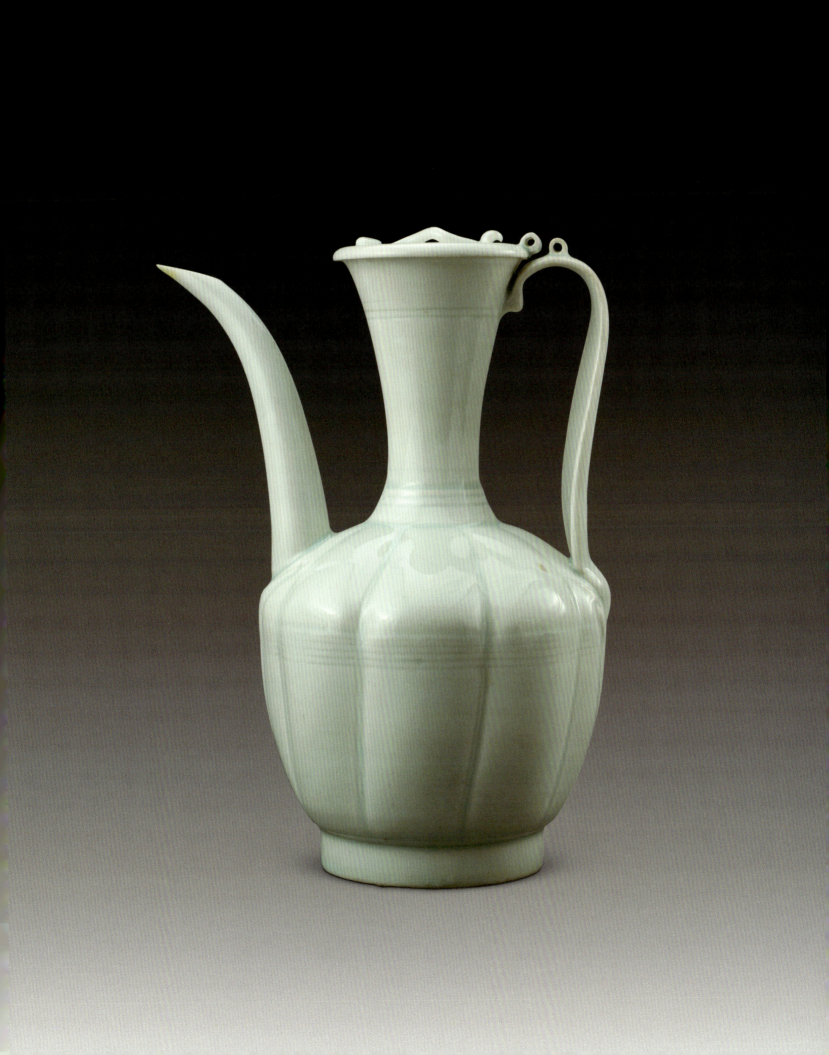

## 84　宋青白釉瓜棱带盖注子

高8、口径3.2、足径7.5厘米

*COVERED MELON RIDGE WATER DROPPER, THE SONG DYNASTY*
*HEIGHT: 8　MOUTH DIAMETER: 3.2CM*

直口，筒状短颈，肩部修刮出微凸的环状平台，似为承盖的意思。南瓜形扁腹，肩部置环形把，相对腹部置曲流。圈足宽而浅，底部无釉。盖顶平，筒身，外壁瓜棱形，内壁光素无釉。施偏白的青白釉，釉质匀净。

## 85　宋青白釉卍字孔香炉

高6、腹径8、底径7.2厘米

*INCENSE BURNER WITH SWASTIKA HOLES IN BLUISH WHITE GLAZE, THE SONG DYNASTY*
*HEIGHT: 6 BELLY DIAMETER: 8CM*

炉为奁式，平口，平底无釉，边有三个桥型足。盖为下敛的浅筒状，有子口插入筒身，盖面微拱，中心镂空"卍"字，外圈模印忍冬纹。施偏白的青白釉，釉质润洁。

宋代由于经济的发展，人们的生活追求品质和雅致，耐得翁的《都城纪胜》说："故常谚曰：烧香点茶，挂画插花，四般闲事，不讦戾家。"所以焚香用的炉品种繁多，《陶记》所载就有八种之多，此款与所记的"香奁"比较接近。

## 86　宋青白釉人首纹博山炉

高11.5、板沿口径13.3、足径9.8厘米

*BOSHAN INCENSE BURNER WITH HUMAN HEAD PATTERNS IN BLUISH WHITE GLAZE,*
*THE SONG DYNASTY*
*HEIGHT: 11.5CM*

炉身似须弥座，上为葵边板沿，并向炉口内倾斜，圆柱状束腰上贴塑四个罗汉头像，下为六壶门莲座（"壶"非别字，按宋《营造法式》此样式为"壶门"，而非"壸门"）。底部有垫圈痕，垫痕处刮釉。盖为博山炉样式，下端有子口，可合于炉口内，子口无釉。施青白釉，釉面平整，釉质润洁。此炉盖为仿汉唐的博山炉样式，炉身似须弥座，融古风和道释于一体，制作规整，精致典雅，为青白瓷香具的经典之作。

## 87　宋青白釉博山炉

高10.5、腹径8.5厘米

*BOSHAN INCENSE BURNER IN BLUISH WHITE GLAZE, THE SONG DYNASTY*
*HEIGHT: 10.5　BELLY DIAMETER: 8.5CM*

炉身釜形，有子口，子口处无釉。勺状三足，底部支烧处环状刮釉。盖为博山炉样式，靠口部开六个壶门孔，顶部十字孔。内壁顶部有釉。其他均施青白釉，釉面有片纹。

南宋周密的《武林旧事》记载张俊进奉的汝窑瓷器中有一种叫"香毬"器物，与此非常相似。北宋吕大临《续考古图》中有一件明确称为"香毬"的古铜器，可以作为参照。《续考古图》的"香毬"形状相似，只是盖子不同，为镂空半球形盖，三足下有承盘。边上说明文字："荣询之所收。盘径委尺六寸，高五寸，炉径四寸。凡熏香先著汤于盘中，使衣有润气。即烧，香烟著衣而不散。古博山之类皆然。"因此，类似的香炉应该就是宋人所谓的"香毬"。

## 88 宋青白釉回文锦夔龙纹鼎式炉

高12.2、口径13厘米

*TRIPOD-SHAPED INCENSE BURNER WITH RECTANGULAR SPIRAL AND IMAGINARY*
*DRAGON PATTERNS IN BLUISH WHITE GLAZE, THE SONG DYNASTY*
*HEIGHT: 12.2  MOUTH DIAMETER: 13CM*

平口出沿，口上一对方形立耳，深腹微敞，内壁光素，外壁上部模印回文锦，锦地上再模印夔龙纹。釜底，底部中区无釉。三柱状足，足端无釉。施青白釉，色泽纯正，开有稀疏的长条片纹。

有宋一代，上自帝王贵胄，下至平民商贾，雅好金石古器为尚，还刊印了许多指导性的书籍，如杜绾的《云林石谱》、董逌的《钱谱》、吕大临的《考古图》、王黼的《宣和博古图》等。该鼎式炉形制古朴，完全依照《宣和博古图》中的周鼎样式制作，为焚香之雅器。

## 89　宋青白釉三象腿炉

高11.8、口径11.8厘米

*INCENSE BURNER WITH THREE ELEPHANT FEET IN BLUISH WHITE GLAZE, THE SONG DYNASTY*
*HEIGHT: 11.8　MOUTH DIAMETER: 11.8CM*

平口出沿，口沿上一对方形立耳，深直腹，外壁上腹刻回纹两圈，回纹上压印两夔龙。内底釜形，外底平整无釉，釉线不规则。三足为象首，长鼻着地，足端二足有釉，但不裹足。偏白的青白釉，开长片纹。南宋蒋祁《陶记》所载"炉之别"有"象腿"样式，应该就是指此种款式。

## 90 宋青白釉刻荷花纹碗

高6.8、口径17.6、足径6厘米

*BOWL WITH INCISED LOTUS PATTERNS IN BLUISH WHITE GLAZE, THE SONG DYNASTY*
*HEIGHT: 6.8  MOUTH DIAMETER: 17.6CM*

撇口，弧腹，圈足。碗内底刻团荷一朵，碗壁上刻团花三朵，间以小鸟三只。碗底有黑褐色的垫饼痕，为景德镇特色的高垫饼支烧。施青白釉，釉色纯正，釉质润洁。

团花一般多为印花，刻的难度较大，应是模印团花的前驱。碗底如食物烧焦的垫饼痕，多见于北宋景德镇窑的青白釉瓷器上。纯正的青白之色，反映了配釉和烧制技术的成熟，显示了北宋晚期景德镇烧制青白瓷的高超技艺。

**91　宋青白釉刻划花斗笠碗**（一对）

高5、4.7、口径14.4、14.2、足径3.5、3.7厘米

*BAMBOO-HAT-SHAPED BOWLS WITH INCISED PATTERNS IN BLUISH WHITE GLAZE, THE
SONG DYNASTY (A PAIR)
MOUTH DIAMETER: 14.4、14.2CM*

直口，斜腹，圈足，状似笠帽故名。内壁满刻花卉纹，花叶筋脉以篦点纹表现。高
圈足而挖足较浅，足内淡褐色垫饼痕，并附有少许窑渣。施青白釉，釉色纯正，釉
面平整，釉质润洁。

斗笠碗是宋代流行样式，其斜直的腹壁特别适宜饮茶，足虽小，但有盏托相配，自
是恰到好处。斗笠碗的器壁较薄，釉色纯正，可用古人"青如天，明如镜，薄如
纸，声如磬"的诗句来形容。

## 92 宋青白瓷莲瓣纹深腹碗

高7.5、口径10.8、足径6厘米

*DEEP BELLY PORCELAIN BOWL WITH LOTUS-PETAL PATTERNS IN BLUISH WHITE GLAZE,*
*THE SONG DYNASTY*
*HEIGHT: 7.5  MOUTH DIAMETER: 10.8CM*

直口，口部无釉，后饰金扣。深弧腹，腹外壁浅浮雕重瓣仰莲纹。圈足，足端无釉。施青白釉，釉质匀净润洁。

类似的碗南宋龙泉窑也有生产，并带盖。遂宁金鱼村也有相似的青白釉盖杯（考古图录称"深腹杯"）出土，但形制、工艺等都相去甚远，似为不同的窑场所生产。该青白釉碗应是生产高品质青白瓷的湖田窑所烧制。

**93 宋青白釉刻划云龙纹碗**

高9、口径16.2、足径5.8厘米

*BOWL WITH INCISED PATTERNS OF DRAGON AMONG CLOUDS IN BLUISH WHITE GLAZE,*
*THE SONG DYNASTY*
*HEIGHT: 9   MOUTH DIAMETER: 16.2CM*

直口，深斜腹，高圈足，挖足较深，底无釉。外壁如折扇纹般的菊瓣，碗内刻独龙
闹海纹。龙张口吐舌，双角像羊角，三爪似钩，龙鳞如水波纹，龙身粗壮。施偏白
的青白釉，釉质润洁。据现有的考古调查，龙纹青白瓷很少在平民墓中出土，这种
龙纹碗很可能是北宋中晚期的贡瓷。

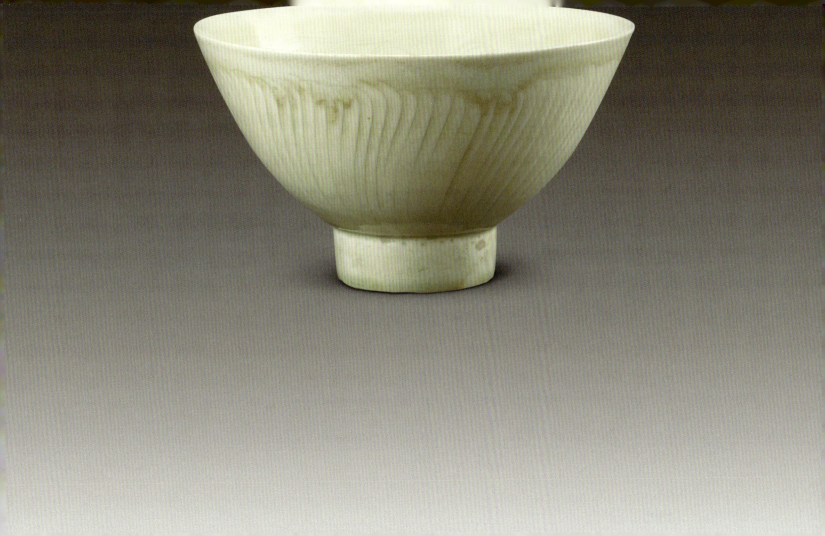

## 94 宋青白瓷三事子母盒

高7.6、口径13.5、足径8.5厘米

*PORCELAIN SET BOXES IN BLUISH WHITE GLAZE, THE SONG DYNASTY*
*HEIGHT: 7.6 MOUTH DIAMETER: 13.5CM*

盒身子口，直壁折腹，圈足高而外撇，底和足内壁无釉。盒内三小器皿，两只似盆，一只像盉，间以三支结于中心的菊花。盖似穹隆，环壁内敛，中心有一圆孔，似为装盖钮的。盖面以孔为中心刻团菊纹，其余刻缠枝婴戏纹。

宋代盒子用途很广，样式也多。有装铜镜的镜盒，装药的药盒，装香料的香盒，还有妇女盛化妆品的粉盒、油盒、黛盒、硃盒等，而这种子母盒可以将梳妆用的粉黛朱分于小盒纳于大盒，使用起来更为方便，盖面婴戏纹既美化盒子，又为使用者带来"连生贵子"、"福迭连绵"的口彩。

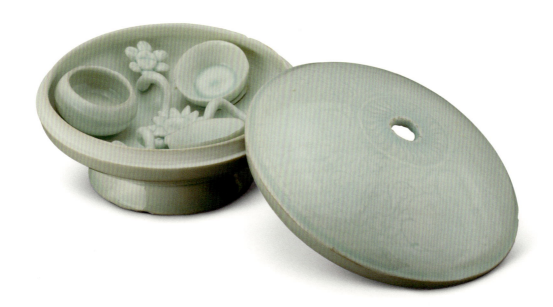

### 95　宋青白釉刻花梅瓶

高26、口径3.7、足径8厘米

*PLUM VASE WITH INCISED PATTERNS IN BLUISH WHITE GLAZE, THE SONG DYNASTY*
*HEIGHT: 26　MOUTH DIAMETER: 3.7CM*

平唇略圆，竹节颈，溜肩，鼓腹渐收，内挖足，足内外均无釉，内壁为斜坡状，粘有焦黑的窑渣。通体刻缠枝牡丹纹，刀法流畅。施青白釉，釉色纯正，釉质润洁。类似的梅瓶遂宁金鱼村窖藏出土有八件之多，其中六只有盖，所刻也是缠枝花或卷草纹，只是手法略有不同。窖藏出的梅瓶以减地浮雕缠枝花装饰，或双阴线刻卷草纹。此件梅瓶除主杆双阴线刻出，其他均为单阴线刻花。所以在装饰手法上显示出先后之别，此件梅瓶的制作年代要早于金鱼村窖藏梅瓶。

## 96 宋青白釉观音坐像

高22、底8.6×4.2厘米

*SEATED STATUE OF AVALOKITESVARA IN BLUISH WHITE GLAZE, THE SONG DYNASTY*
*HEIGHT: 22　BASE: 8.6×4.2CM*

观音戴宝冠，眉间白毫相，为"眉如小月，眼似双星，玉面天生喜，朱唇一点红"之女相。冠、胸前、腰间饰璎珞纹，左手抚膝，右手施降魔印，坐于山石之上。除底部外施青白釉，釉色纯正，釉质匀净。2014年10月长兴县北宋中晚期墓出土一尊青白釉带莲座坐佛，其面部与此尊观音一样都是施釉的，据此推测北宋的青白瓷佛教造像的面部以施釉为多，和南宋及元多为素瓷面部不同。釉脸烧制难度大，不利于面部表情的生动展现。

## 97　宋青白釉褐彩何仙姑像

高18.5、底8.4×3.9厘米

*BROWN COLOR STATUE OF IMMORTAL WOMAN HE IN BLUISH WHITE GLAZE, THE SONG DYNASTY*
*HEIGHT: 18.5　BASE: 8.4×3.9CM*

像为坐姿，盘髻跣足，坐于山石之上。着叶状坎肩和植物编织裙，左手持经卷，右手握药锄，背着背囊，左边石座上摆着一个葫芦，一只猴子似乎为了葫芦正在攀爬山石。施青白釉，发、裙、药锄、背囊、葫芦、猴子等均用褐彩渲染，石座背后下半部和底圈无釉。

何仙姑是八仙之一，也是其中唯一女性。相传生活于唐早中期，曾入宫与武则天论佛道，后被铁拐李和蓝采和点化成仙。由于常入云母山密林深处采药济世，行善积德，被人们尊称为"何仙姑"，并修墓建庙祭祀之。何仙姑被广泛尊崇是在宋代，宋代文人欧阳修《集古录跋尾》、魏泰《东轩笔录》、曾敏行《独醒杂志》均载有其事迹。其各种造像也在宋代开始流行开来。

## 98 宋青白釉何仙姑像

高18.2、底12.6×3.3厘米

*STATUE OF IMMORTAL WOMAN HE IN BLUISH WHITE GLAZE, THE SONG DYNASTY*
*HEIGHT: 18.2   BASE: 12.6×3.3CM*

像为坐姿，开脸与上尊何仙姑造像极为相似，盘三鬟髻，跣足而坐，右脚搁于左脚之上。着条状植物坎肩，腰围荷叶裙，左手持经卷，右手握药锄。右边石座上摆着一个葫芦，一只猴子似乎为了葫芦正在攀爬山石。左边山石座上放一只提梁篓，似为替代背囊。山石座束腰呈"工"字状，座背中间一透气圆孔，后下半部和底圈无釉。整体施青白釉，釉质润洁。

宋代偃武修文，民风和顺，出现了许多女性释道人物，如观世音菩萨、何仙姑等。虽然古籍记载何仙姑生于唐高宗开耀元年，其事迹流行、造像膜拜则要到北宋时期，而且主要流行于闽、浙、湘、皖、两广等南方地区，这些地区按《陶记》所言也是"器尚青白"之地，因此，何仙姑瓷造像多为青白瓷。

## 99 南宋青白釉带座弥勒佛像

通高29厘米

*STATUE OF MAITREYA WITH A PEDESTAL IN BLUISH WHITE GLAZE, THE SOUTHERN*
*SONG DYNASTY*
*HEIGHT: 29CM*

佛像分座和像两部分，像为坐姿，慈眉善目，眉间青白釉点白毫相，五官皆镂雕透空。坦腹，右手作莲花拳印，左手作说法印。双脚着鞋交搁状，鞋与露肉身处都不施釉，素瓷打磨细润。座子为假山石状，除底部外均施釉。瓷造像发展到南宋，脸部等无衣饰的地方开始不施釉，一是利用瓷胎的白色与青白釉的服装形成对比，大有玉雕巧色之意蕴；二来也可以使造像的面部表情不会因为釉层的覆盖而影响神情的传达，反映了陶瓷装饰以审美需要来改进工艺的状况。

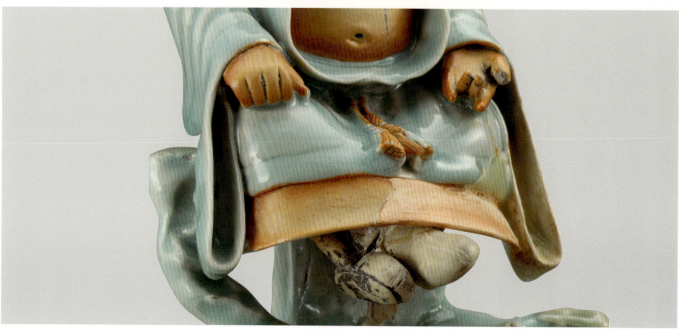

## 100　高丽青瓷刻花大梅瓶

高48.5、口径7.3、足径20厘米

*BIG KOREAN CELADON PLUM VASE WITH INCISED PATTERNS*
*HEIGHT: 48.5  MOUTH DIAMETER: 7.3CM*

洗口，束颈，丰肩，腹往下渐收，近胫部外撇，内挖成假圈足。底部有釉，足端无釉，但粘有小釉斑，八个泥点支烧痕。瓶身划祥云纹和牡丹花，寓富贵齐天之意。施淡青绿色釉，釉质匀净清亮，开有竖向不规则片纹。划花工艺韩国学者称之为"青磁阴刻"，出现于10世纪，流行于11～12世纪，是模仿越窑青瓷的装饰工艺。但此瓶的造型和釉色又有汝窑早期青瓷的影子，可以看出中国最好青瓷工艺对高丽制瓷工艺的影响，是中国古代青瓷文化对外传播的见证。

图书在版编目（ＣＩＰ）数据

青韵 ：范佳成珍藏古代瓷器精选 ／ 浙江省博物馆编．
－－ 北京 ：文物出版社，2016.4
ISBN 978-7-5010-4560-0

Ⅰ．①青… Ⅱ．①浙… Ⅲ．①瓷器（考古）－中国－
图集 Ⅳ．①K876.32

中国版本图书馆CIP数据核字(2016)第060813号

## 青韵——范佳成珍藏古代瓷器精选

编　　者：浙江省博物馆

封面题签：耿宝昌
责任编辑：贾东营
摄　　影：刘小放
责任印制：陈　杰

出版发行：文物出版社
社　　址：北京市东直门内北小街2号楼
网　　址：http://www.wenwu.com
邮　　箱：web@wenwu.com
经　　销：新华书店
制版印刷：北京图文天地制版印刷有限公司
开　　本：1270×965　1/16
印　　张：14.75
版　　次：2016年4月第1版
印　　次：2016年4月第1次印刷
书　　号：ISBN 978-7-5010-4560-0
定　　价：320.00元